明日飆股

機器人學｜物聯網彩蛋｜基因編輯｜精準醫療
搶先布局下一個十年的價值成長股

FAST FORWARD
INVESTING

How to Profit from AI, Driverless Vehicles, Gene Editing, Robotics,
and Other Technologies Reshaping Our Lives

Jon D. Markman

喬恩・馬克曼——著　辛亞蓓——譯

Contents

未來地圖上的財富指引

　　時代巨輪正在加速前進。我們即將面對的未來，是一個汽車會自動駕駛、軟體會自動編寫、有缺陷的人類遺傳密碼會自動編輯修復的世界，而促使這一切發生的電腦運算能力，可說是無遠弗屆。

　　在這個時代，本書所謂的「快速前進」，並不僅僅是意味著遙控器上的快轉按鈕，它描繪出企業家、勞工、政府官員、程式設計師和醫生們的憧憬。在可見的未來，將可能出現有史以來最大的經濟繁榮，且遠遠超越人類發現火種、電力、飛行魔力或發明電腦的時期。從古至今，我們看到的每一項驚人技術都只是前奏而已。

　　「快速前進」既是夢想也是現實，就如同過去科幻小說中的機關，現在已成為孩子們的玩具。各種瘋狂構想，例如由機器人駕駛的卡車、一馬赫的地面運輸、無人機部隊、高度智慧且適應性強的居家用品等都有可能實現。這些水到渠成的創新會讓企業家及其金主致富，但一般投資人也會從中獲得巨大的利益——這就是本書的主題。

本書將闡述這些創新、有利可圖的元素是如何一步步組合在一起的，如同一個新的模塊加高前一個模塊，進而讓那些有遠見的企業家能夠順利建構轉型企業。我會指出強大的雲端網路如何使超級運算大眾化，進而促使「基因體學」（genomics）和人工智慧出現突破性的轉變。我也會指出廉價感應器的興起，如何幫助研究人員將物理世界變成虛無縹緲的數字符號，以及資訊科學家如何利用這些數據建構革命性的軟體，從而改變建構產品和提供服務的模式。

此外，我還會指出當這些模塊全都組合在一起時，有哪些可能應用方式。我們要為自動駕駛汽車、基因編輯和生命科學的進步做好準備，因為微型機器人、人造器官，以及為特定基因量身訂做的醫療方法等新事物即將要與我們見面。

最重要的是，我會告訴你們如何有效運用這些新知。我會指出哪些趨勢很重要、應該忽略哪些趨勢。我也會列出「明日飆股」的推動者和影響者——即那些建構完整平台和具有競爭優勢且難以效仿的公司。簡而言之，我會指出「哪些公司最有可能讓投資人致富」，他們皆能克服在實踐方面和可能遇到的困難。

CHAPTER

1 /

雲端運算：
無可取代的新電能

快速掃描

　　這一章我將展示構成「指數增長時代」的關鍵基石，始於貝佐斯（亞馬遜）對雲端運算能力的貢獻。就如同亨利・伯登對電力發明的付出，貝佐斯讓這個時代的雲端運算變得廉價而普及，讓整個世代的企業家都能創造出轉型產品和服務——祖克柏（臉書）和哈斯廷斯（Netflix）所打造的龐大媒體，改變了我們溝通和消磨時間的方式。其他公司都在效仿他們，建立規模龐大、可使用任何有網際網路連接的設備。這就是雲端型企業的力量，也是席捲全球政府、營利和非營利組織的大趨勢。

　　世界正朝著未來加速前進，每分每秒，時時刻刻。現在就讓我們深入探究吧！

　　持股建議：毫無疑問的，實現雲端運算轉型的最佳範例依然是**亞馬遜**（股票代號：**AMZN**），二十多年前貝佐斯在西雅圖的自家車庫中創建了這家公司。

十九世紀末，廉價工業用電的普及改變了貿易模式，帶來生機勃勃的新生態系統，促進下一步創新。

雲端運算在現今也扮演同樣的角色。這是一種轉型。

在這個章節，我會指出亞馬遜公司的創辦人貝佐斯（Jeff Bezos）如何以特殊的洞察力創造新時代，為新一代的企業家開闢一條可供遵循的道路。你們還會瞭解到其他兩位企業家——臉書的創辦人祖克柏（Mark Zuckerberg）和Netflix的創辦人哈斯廷斯（Reed Hastings），他們如何巧妙善用雲端運算，憑實力成為傳奇。你們會看到這些先驅者開拓這條道路二十年後，企業仍然競相要將業務轉移到雲端。

但首先，我想帶你們快速進入極具參考價值的歷史背景，瞭解商業巨頭如何在失意的十九世紀透過大眾市場的電力發展顛覆工業，為現今的創新奠定基礎。

水車發電的時代序幕
觀察指標 ▶ 亨利・伯登

伯登（Henry Burden）是蘇格蘭牧羊人的兒子，在愛丁堡大學研習工程學後，1819年搬遷到紐約上州。下定

決心要在這個蓬勃發展的工業中心謀財的伯登，先是在1835年取得鐵路工業用的製釘機器專利，後來又發明了另一種製造馬蹄鐵的機器。他的公司伯登鋼鐵廠以每分鐘生產六十台機器的速度震懾競爭對手。

最後，伯登的才幹讓他在美國內戰期間為聯邦軍隊提供補給。當時，機器製造的馬蹄鐵以一百磅一桶出售。伯登每年銷售六十萬桶，創造200萬美元的銷售額，這在2018年可是5,540萬美元的大生意。

就像他那個時代的許多企業家，比如蘇格蘭移民卡內基（Andrew Carnegie），伯登明白普遍且成本效益高的優勢對生意繁榮至關重要。於是在1851年，他設計大型的現場發電設施——「伯登水車」在紐約上州的維納特斯奇爾溪運轉上升了六十英尺。巨大的鋼鐵結構造就歷史上最強大的垂直水車，為兩家雇用數百人的大型鋼鐵廠提供動力。包括攪煉爐與加熱爐、鉚釘機與馬蹄機、旋轉壓榨機、蒸汽機與鍋爐皆由大輪驅動。

這項發明促使全國各地的工業區在河邊興起。取得水車所產生廉價又充足的電力是主要考量因素。

三十年後，威斯汀豪斯（George Westinghouse）將電力世代的技術提升到另一個層次。這位年輕且才華橫溢的

紐約發明家，在十九世紀80年代善用西門子交流發電機和敏銳的商業頭腦，研究出如何透過電線將廉價的交流電，長距離的輸送到遠離水道的工業場所。接下來的二十年，生意興隆；隨著電力價格下降，傳統水車發電的市占率從100％下降到僅剩5％。

雖然伯登的水車過時了，但他開創的先例猶在──廉價的電力改變了世界。他原先只是為了自己的利益，卻無意間為人民帶來電力，就像「雲端」為我們這個世代帶來強大的電腦運算能力一樣。

亞馬遜AWS雲端運算服務的崛起
觀察指標 ▶ 傑夫・貝佐斯

1999年，亞馬遜創辦人貝佐斯第一次接受美國新聞雜誌的節目《六十分鐘》採訪時，這家線上零售商已成為商業奇蹟。它的產品線從書籍擴展到CD和DVD，顧客和銷售額大幅成長。然而，被問及公司未來的潛在成長時，貝佐斯卻有所顧慮。他表示這個新興產業正處於範疇形成的時期，潛力巨大且不可估量。

為了在心理層面取得優勢，貝佐斯在媒體和競爭對手

面前扮豬吃老虎，事實上，他看到了更大的前景——他正努力地建構雲端型電腦系統網路。

儘管如此，當時貝佐斯並不知道這家在西雅圖起步不久的線上商店，正在為世界上最重要的發明時代奠定基礎。他不知道空前的財富正擺在自己眼前——不只是對他而言，還有對公司股東和成千上萬的企業家而言，都會在他巨大的影響力下瘋狂前進。

如同許多成功的企業家，貝佐斯敏銳、積極且與眾不同。年輕時，他發揮自己對數學的熱愛和聰明才智，在華爾街找到高薪的量化投資分析師工作。這位普林斯頓大學的畢業生，後來告別避險基金——德邵基金（D.E. Shaw），並在1994年創立亞馬遜。數年之後他承認，如果當時創立網路書店是個冒險——這種風險最好由擁有的不多、也沒什麼好失去的人來承擔。話雖如此，當時的貝佐斯還是毅然開著車直奔西雅圖，決心不讓自己的餘生浪費在想像之中。

為了創立公司，他以每人5萬美元的價格召集二十名投資者。用100萬美元為他們買下20％股份是個好點子，因為即便是按照天使投資人[1]的標準，這個估價也相當高。

1　意指提供創業資金來換取可轉換債券或所有者權益的投資者。

但是熱衷於數字的貝佐斯毫不鬆懈，他說服早期投資者相信虛擬店面將提供空前的槓桿作用。根據他的假設，一般線上商店的業務量應該是實體店面的二十七倍。他的數學，或者可以說是他的推銷說辭，引起大家的共鳴。

亞馬遜在 1997 年上市時，年銷售額只有 1,570 萬美元。該公司首次公開募股之後，現金充裕，貝佐斯開始為未來做準備。在 1997 年寫給股東的信件中，他談到新創企業的要素。他承諾將顧客服務和銷售成長置於獲利之上，因為「規模」是實現亞馬遜商業模式目標的關鍵因素。他鄭重宣布要透過持續關注顧客滿意度來創造股東價值。他承諾會堅守低價、大量選擇和快速交貨這三項指導原則。最重要的一點，他也承諾優先考慮長期成長而非短期回報。

華爾街分析師觀察到，「延遲滿足感」是相當困難的，即便對知名公司來說也是如此。亞馬遜作為一家上市公司已有整整一年的歷史了。但顯而易見的：貝佐斯正在打造能夠擴大規模的業務。這是明智的決定。

到了 2003 年，亞馬遜的年銷售額飆升至 52 億 3,000 萬美元。四年之後，即 1997 年股東宣言發表的十年後，該公司的年銷售額成長近十倍，達到 148 億 4,000 萬美元。

在這段激勵人心的時期，貝佐斯始終信守諾言。亞馬遜繼續進行積極的長期投資，並往往以其獲利為代價。它租用倉庫，以驚人的速度雇用管理者和勞工。然而，最重要的投資就在於它的數位基礎建設——亞馬遜建立龐大的數據中心，其中充滿運作訂製軟體的高價伺服器。

顧客總是理所當然地認為，個資和線上購物歷史記錄的蒐集皆被安全地儲存。實際上，數位基礎建設和數據分析的結合發揮更大的作用。大量結構化數據匯集到大型的知識引擎，並精準猜測用戶可能想在網站上購買的其他產品。麥克伊旺（Ian McEwan）的小說《陌生人的慰藉》（*The Comfort of Strangers*）的買家，說不定正是流行歌手艾維斯・卡斯提洛（Elvis Costello）的歌迷？這種結合方式促使複雜的網路安全系統進行運作，並連接數千台遠端伺服器組成的網路，這些伺服器以意想不到的速度儲存、管理和處理數據。

「網絡化」電腦的想法並非新點子。網際網路本身就是一種網絡，這股網路公司引發的熱潮吸引了早期投資者的注意力，就像二十年後的加密貨幣[2]一樣。而亞馬遜實

2　使用密碼學原理以確保交易安全的媒介。

驗的不同之處，在於規模和應用需要果斷地行動，保護電子商務平台不受駭客攻擊，並提供運算能力使一切順利運作。該公司不得不重新設計網路，使其變成一個大型、新的內部工具。位於全球各戰略要地的亞馬遜雲端運算服務（AWS），包括大型數據中心，成千上萬台網路伺服器集體運作，全年無休。其運算能力全都透過訂製的網際網路連結虛擬化。

2002 年，貝佐斯改變了一切。他寄給網路服務團隊一份內部備忘錄，指示工作人員只能透過開放的應用程式介面（API）交流。在沒有其他交流形式、共享直鏈、共享記憶模式的條件下，完全無法走後門。團隊皆須公開作業和設計介面，彷彿能讓外部開發商看見。

換句話說，軟體工程師開始使用 API 進行編碼，所有作業似乎都能供外部開發商使用。這就是貝佐斯一貫的風格，他在備忘錄的結尾寫道：「任何不這麼做的人都會被解雇。謝謝你們，祝你們有愉快的一天！」

從那個時候開始，亞馬遜 AWS 就成為以服務為導向的體系，也成為一種平台。公司倡導者開始鼓勵外部開發商編寫可連接安全平台的模組應用程式。實驗的規模和效用改變了資訊科技的基礎設施。運算能力、儲存和安全性

變得更普及。直到2006年，AWS已有超過十五萬的用戶。

那年稍晚，AWS開始對開發商、研究人員、政府和企業銷售實支實付的備用運算容量和儲存空間。突然間，任何有好點子和持有信用卡的人都能使用虛擬超級電腦[3]。這個組合很強大，就像電力一樣，能讓車庫和大學宿舍中的聰明孩子創造新發明，不讓他們的點子淪為空想。AWS幫助知名公司重新創造商業模式，也幫助研究人員和學者更瞭解如謎一般的複雜性。2005年，我也把自己的業務重心放在AWS，不曾停下來過。

AWS展開的這個行動，為我們之後所要談的主題，奠下基礎和變革的根基。

從水車走向雲端
觀 察 指 標 ▶ 雲端運算和數據儲存中心

2005年，科技作家卡爾（Nicholas G. Carr）在《麻省理工學院史隆管理學院評論》發表一篇開創性文章〈企業運算的終結〉（The End of Corporate Computing），預測企

---

3 能夠處理大量資料與高速運算的電腦，其規格與效能優於個人電腦。

業即將購買資訊科技，就像早年在伯登和威斯汀豪斯的時代購買電力一樣。當時，這個理論並不受歡迎，因為個人電腦仍然很流行。企業在數據中心、伺服器授權和資訊科技部門投入大量資金。卡爾以明智的眼光看到 AWS 和雲端運算的顯著效率。他看到雲端如何從電腦和數據儲存空間組成龐大的分散式網路，再轉變為通用的技術，使企業能夠釋出資本。

　　資訊科技對商業而言，變得極其重要，但也變得浮誇和低效。在建構應用程式的競賽中，企業開始複製數位基礎建設。高昂的數據中心成本（包含數千台運作授權軟體的伺服器），反映在 IT 人員維護伺服器與軟體的費用上。而且多數時候，人力成本會超過硬體和軟體的總成本。

　　相對的，在雲端運算的環境中，基礎設施的成本由供應商承擔，虛擬連結也減少了行政成本。2005 年，卡爾的理論在他的時代遙遙領先，但他還是竭盡全力。伯登和貝佐斯一開始的努力讓人難以置信，但他們都有足智多謀的一面。面臨問題時，他們選擇降價並物盡其用；開始擴展之後，他們都發明出自己需要的東西。以伯登為例，巨大的水車為鋼鐵廠提供了動力；對貝佐斯來說，解決方案則是數位化——他需要基礎設施來儲存數據，以及助長對

運算速度更快的渴望。值得讚揚的是，貝佐斯很早就意識到，亞馬遜正在開發的網路服務私營事業最終能用作其他數位企業者的通用技術。

作為一名十九世紀中期的商人，伯登想把所有好處占為己有。幾年之後，威斯汀豪斯奪走了伯登的光環，他的交流電廠使電力成為通用技術，改變工業的面貌，如同現今的企業家與旗下公司紛紛在 AWS 上建構應用程式，那些一百三十年前的聰明人也透過電力基礎設施建構他們的「應用程式」。

從十九世紀1870到1910年代，現今稱作「鍍金時代」[4]的這段期間，提供很多我們視為現代社會的根基：鐵路、電話、汽車、飛機、電梯、抗生素、高效工廠、廣播、電影和大眾行銷等。起初，這些炫目的事物可能只是富人的裝飾品，但是到了十九世紀90年代，工廠、酒店、遊樂園和其他公共場所都在白熾燈光下閃閃發亮。直到1930年，70％的美國家庭都安裝了電線；萊特兄弟也在1903年駕駛由自行車備用零件打造的飛機，在小鷹鎮飛行了十二分鐘，寫下航空史的新頁。僅僅六年之後，他們的公

4　南北戰爭和進步時代（Progressive Era）之間，是美國財富突飛猛進的時期。

司已開始提供美軍能在補給燃料前飛行一個小時的飛機。

　　進步來得很快。在這個時代，空中的嗡嗡鳴響是電力的傑作。相較之下，現代發明家的成就看起來似乎微不足道，且自利導向。但這種想法是短視近利的。資訊科技其實比電力更加強大。善用雲端技術讓另一群頭腦靈活的人才重新思考全球可能會發生的事情，同時還創造出讓鍍金時代相形見絀的財富。

雲端上的私人生態系統
觀察指標 ▶ 馬克・祖克柏與臉書

　　2004年二月四日，祖克柏和四名哈佛大學室友創辦了**臉書（股票代號：FB）**。祖克柏是一名內向的天才，他對於某些人是如何輕易建立社會關係相當好奇。臉書起初是一個讓哈佛學生相互聯繫的簡單網站，後來開始接受包括史丹佛大學等其他常春藤盟校加入，最終也進一步開放高中學生使用。自2006年以來，任何十三歲以上的人都可以建立臉書帳戶，這讓它的用戶開始激增。2018年，臉書已在全球擁有二十億用戶。

　　在連結世界的多數地方，臉書已變成結締組織，是大

家聚集、交流和分享生活趣事之處。

　　臉書也是典型的雲端型企業，看似簡易單純，其實吃重的細節全都在雲端運作。孟買人在網咖一邊津津有味地嚼著馬鈴薯餡餅，一邊瀏覽動態訊息，獲得的低延遲體驗與舊金山的夜店會員把iPhone上的照片發布到Instagram的體驗是一樣的。

　　雲端運算的模組化和靈活性，使建構具內在網路效應的生態系統輕而易舉。

　　起初，這種直觀的軟體幫助大家輕鬆地與親朋好友在線上交流。一旦對朋友發表低碳水化合物飲食看法的新鮮感消退後，臉書就轉戰到照片分享──婚禮和畢業典禮的照片點閱率暴增。此外，使用者幾乎不需要真的做些什麼──只要按讚或留言表達祝福就能達到社交效果。這真是美妙的設計。當照片的發布數量下降，臉書就增加動態分享功能，此舉大獲成功。這種體驗令人上癮。

　　除此之外，臉書還免費提供素材，具有即時定期變更的靈活性，藉此調整用戶的體驗。一旦使用者與他們最關心的人建立聯繫，並對臉書提供的服務感興趣，要獲利就很容易了。所有自願加入臉書網站服務條款的會員統計數據，對廣告商來說都是寶貴的財富，他們在別的地方找不

到這麼便宜的資訊管道。

　　這種模式勢不可擋，很容易轉移到其他新創領域。截至目前，有超過七千萬家企業使用臉書的商業頁面。這一切是從2012年的臉書初始版本開始，憑著直觀軟體和誘人條款吸引企業的注意，接著找到獲利的方法。

　　舉例來說，臉書正鼓勵企業將事業的一部分納入網路。人工智慧型機器人可以提供具成本效益的顧客服務，例如售票、購買食品和匯款。但臉書的麻煩在於，只有在招攬其中一家企業客戶時它才會收取費用。這是真正在臉書建構的「軟體即服務」應用程式，透過雲端的通用技術得以實現。這種模式提供的經營槓桿很極端，企業可以釋出目前深陷於客服中心和顧客服務困境的資金，也能在自己覺得最舒適的地方與客戶互動──臉書。

　　這項新業務擴大了社交網路已經在做的事情。到目前為止，財務數據相當可觀。2016年，臉書的銷售額達到276億4,000萬美元，比2015年成長了54.2％。行動裝置在這巨大的市場中占有最大份額，隨著臉書用戶從個人電腦的使用轉向智慧型手機，手機的使用率持續穩定攀升。諷刺的是，不久之前，有權威人士還擔心該公司會因用戶的使用習慣轉變而陷入困境。

截至2018年一月，臉書旗下的獨立手機應用程式——WhatsApp、Messenger和Instagram——每個月分別吸納十二億、十二億和七億用戶。

到目前為止，最棒的部分在於這只是一個開端。臉書才剛開始利用資產。儘管Messenger和WhatsApp擁有豐富的人口統計數據，卻尚未獲利。與此同時，線上市調公司eMarketer表示，Instagram在2017年的銷售額將達到39億2,000萬美元，主要收入來自於廣告和付費贊助。

祖克柏開創出此種文化定義的臉書，不只是出自於對人們如何建立關係的好奇心，也出自於如何透過創投[5]購買雲端運算和數據儲存的好奇心。他不必購買可能永遠不會使用到的高昂伺服器或大量頻寬。雲端型商業模式的可擴展性提供試驗的彈性空間。因此，祖克柏嘗試新的用戶界面。為了瞭解大家都在分享什麼以及分享資訊的動機，他決定更改臉書動態消息的呈現方式。這一切都幫助他看清並理解人們之所以聯繫在一起的因素。

經過這麼多年，臉書仍在發展當中。雖然臉書已是世界上最大的社群媒體平台，祖克柏依舊努力瞭解「人」如

5　意指一種私募股權的融資形式，提供給具有成長潛力的小型新興公司。

何建立關係。在這個過程中，他在公共雲端建構強大的私人生態系統。

數位串流媒體之王

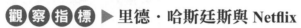 ▶ 里德‧哈斯廷斯與 Netflix

2006年，郵購DVD租賃公司Netflix（股票代號：NFLX）開始轉型為數位企業，這是對商業模式的徹底反思；這種商業模式當時以犧牲影音市場龍頭百視達為代價，吞噬掉它的市場份額。倘若沒有雲端運算的成本效益和規模，這將是難以克服的巨大技術挑戰。

這個想法充滿雄心，很大膽，也很冒險。Netflix的共同創辦人哈斯廷斯表示，這一切都合情合理。哈斯廷斯只想繼續向前邁進。他和合夥人蘭多夫（Marc Randolph）都認為，公司可以透過網際網路傳輸媒體內容，從而顛覆成功的DVD租賃業務。在規模方面，這也是一種未經測試的訂閱模式。為了發揮效用，Netflix的工程師不得不開發演算法來壓縮數據、緩解可能出現的瓶頸，以及找到儲存更多數據的方法。他們需要找到辦法依據需求迅速擴大和縮小的數位基礎建設，也需要能夠添加專利數據分析

的模組，以及需要在虛擬沙盒[6]確保一切安全可靠——這是一種建立在公共雲端的商業模式。2006年，只有AWS有足夠的規模和架構實現他們的夢想。

這間位於加州斯科茨谷的小公司，十年來第二次提出創新的交貨概念。Netflix於1997年開張時，郵寄DVD看似瘋狂，但這個構想大受歡迎，因為缺乏時間觀念的年輕家庭對支付百視達滯納金感到厭倦。然而，這造成迫在眉睫的問題：Netflix的新片庫存不足。因此，公司的工程師只能將就使用手邊的資源。他們開發使用數據分析和預測建模的演算法，不追求通俗的片名——每個會員都有個人化的推薦片單，會根據他們的興趣提供觀看的建議。

直到2006年，新片在其租賃收入中所占的比例不到30%。國際科技行銷公司Amobee的首席品牌分析師柯恩（Jonathan Cohen）指出，Netflix的成功祕訣主要在於比不夠精明的競爭對手更善於「使用分析技術瞭解觀眾」。

隨後，Netflix從郵購租賃轉型為數位串流媒體[7]，充分利用自身優勢。當顧客蜷縮在沙發上瀏覽推薦片單時，可

---

6 意指為執行中程式提供的隔離環境，這種安全機制通常會嚴格控制程式所能存取的資源。
7 意指一連串媒體資料經過壓縮後，經由網路分段傳送資料，便能在網路上即時傳輸影音以供觀賞。

能早以把其中的「生態系統」拋到九霄雲外了。不過，Netflix知道用戶閱讀什麼樣的摘要、花了多長時間瀏覽片名、最後選擇觀看什麼影片，以及觀看了多久，並利用所有的網路數據來維持用戶的參與感，提升使用體驗。

　　Netflix還使用數據來開發、發放許可證和銷售新內容。內容總監薩蘭多斯（Ted Sarandos）知道數據很可貴，能讓Netflix在狹小的選角範圍建立商業模式，為每位訂閱戶提供個人化體驗。與其他依賴廣告的網路服務不同，Netflix不需要賣座強片。這就產生了很大的迴旋餘地。

　　儘管Netflix為了二十六集的《紙牌屋》（House of Cards）花費1億美元，這個策畫最後還是成功了。原版英劇的粉絲是這部政治劇的潛在觀眾。導演大衛・芬奇（David Fincher）和演員凱文・史貝西（Kevin Spacey）的粉絲可能也喜歡這部戲劇。Netflix在觀眾瞭解自己的追劇喜好之前就知道他們想要什麼了。薩蘭多斯用這種非常規的計算法來建構極為成功的串流內容組合。接著，還有網路效應。就像臉書一樣，Netflix現在也受惠於建立龐大企業的影響力。訂閱戶之所以著迷，是因為他們在職場、學校或社交場合的朋友可能會談論Netflix的原創節目或易用性。Netflix的網路成長對訂閱戶而言有增值效

果，從而帶來更多訂閱戶。

2017年底，Netflix 的訂閱戶數量突破了一億，約莫是 2013 年第一季《紙牌屋》內容協議訂閱戶數量的三倍。在此期間，該公司的銷售額從 43 億 7,000 萬美元成長至 88 億 3,000 萬美元。

結果，Netflix 成為電影業的巨頭。2017 年，該公司在影片內容花費 60 億美元，僅次於迪士尼旗下的體育廣播公司 ESPN。更明確來說，Netflix 的影集內容在次級市場扮演重要角色。這種媒介對 Netflix 至關重要，因為大量的串流能讓用戶持續參與。像《廣告狂人》(*Mad Men*) 和《絕命毒師》(*Breaking Bad*) 這樣的另類戲劇，即使是由 AMC 製作和首播，在 Netflix 卻贏得粉絲的狂熱支持。成功經驗讓 AMC 得以製作更多像《陰屍路》(*The Walking Dead*) 的前衛影集。

即便如此，Netflix 的管理者總是小心翼翼。2016 年，哈斯廷斯接受《紐約時報》採訪，表示 Netflix 的大量觀眾也在培養競爭對手。他擔心規模較小的內容供應商正在建構目錄，藉由群聚效應展開競爭性的服務。他說道：「我們知道作為重播影片公司是沒有長期業務的，就像我們知道 DVD 租賃公司無法走得長遠。」

如今，Netflix 的演算法建議和個人化推薦片單受到廣泛模仿；2017 年時，它成為數位媒體發行的標準流程。讓該公司有別於潛在競爭對手的關鍵是數據分析──Netflix 與會員保持緊密的關係，藉由瞭解會員的觀影習慣和喜惡，以嶄新的方式利用數據，使顧客繼續投入。

　　根據調查機構 comScore 的分析報告，2016 年最後一季，顧客在 Netflix 花費的時間比去年同期多出 24%。此外，儘管內容成本不斷上升，但 Netflix 內容的每小時觀看成本約為 7 美分；摩根史坦利（Morgan Stanley）估計，傳統聯播網平均每小時的內容觀看成本約為 13 美分。

　　模組化是箇中關鍵。縱使 Netflix 有一億多名訂閱戶充數，仍然沒有在數據中心或伺服器進行大量投資。經營的力量來自軟體、數據分析、預測建模，以及為目標觀眾客製化的原創節目。公司瞭解顧客，瞭解他們的需求，也瞭解如何交付產品。

　　雲端的靈活性讓 Netflix 能靠軟體營業，也讓公司能隨時依據需求擴展儲存空間和頻寬。惟有使用公共雲端，才能享有這種彈性。哈斯廷斯看到透過網際網路、跨多種硬體平台傳遞內容的潛力。他邁出的這一大步，幫助公司建立以創新為核心的大規模生態系統。如今，Netflix 是

全球唯一的聯播網；雖說是大企業，但雲端型基礎設施可以讓管理者像新創公司一樣靈活又創新。

如同臉書一般，Netflix是具全球規模的應用程式，位居強大的雲端平台頂端。開發商使用雲端的超級運算能力，即時交付最新且個人化內容給一億多名訂閱戶。它還利用從顧客行為得知的資訊，開發新節目和新的收入來源。它不斷向前邁進，正如同共同創辦人哈斯廷斯的精神。

雲端運算的典範轉移
觀 察 指 標 ▶ 公共雲端運算產業

如今，軟體可以讓汽車引擎和GPS全球定位系統運轉，並幫助物流公司精確追蹤包裹。能源公司利用軟體在海底下數英里尋找石油；美軍透過軟體，使用無人機攻擊並摧毀數千英里外的敵對目標。

這一切之所以得以實現，皆基於雲端運算的進步。這稱作「典範轉移」[8]。對我們大多數的人來說，這意味著永遠不會再耗盡智慧型手機的空間，也沒有必要為了儲存孩

8　主要用於科學範疇的巨大改變。

子的舞蹈表演照片而犧牲全家人度假的照片。但這只是其中的皮毛。

雲端運算不僅僅關乎數據儲存，也關乎即時數據分析和可擴展、強大的運算能力，這是世界上從未出現過的技術，它甚至在2011年讓科幻小說裡出現的東西成真：自動駕駛汽車、智慧城市[9]、基因編輯、面部與語音辨識的即時生物辨識技術、擴增實境[10]和即時語言翻譯。雲端運算為所有設備帶來超級電腦的能力。這是一種轉變，代表我們的工具沒有必要變得更堅固耐用了。

作為一家企業，亞馬遜AWS雲端運算服務是在貝佐斯決定使用開放API時憑空創建的，它出售過剩的儲存空間和運算能力，使AWS成為公用事業，如同伯登和威斯汀豪斯輕按開關，就用電力改造工業的面貌。不同之處在於AWS使超級電腦和資訊科技大眾化，讓企業家重新想像未來的可能性，並在過程中創造前所未有的財富。

多年來，臉書和Netflix等列入「財星一百強」（Fortune 100）的公司皆深受吸引。他們可以購買所需的儲存空間和運算能力，只需支出傳統基礎建設成本的一小部分。在

9　運用資訊科技或創新概念整合都市的組成系統和服務，改善市民的生活品質。
10　透過攝影機影像和圖像分析技術，讓螢幕上的虛擬世界與現實場景結合與互動。

業務方面，這是簡易的事，不但具成本效益，也沒有基礎設施硬體方面的麻煩。

　　諮詢公司麥肯錫在2016年發表報告〈資訊科技：從建構邁向消費〉（IT: From Build to Consume），發現「越來越多大型企業可能會從傳統和虛擬化的環境，將工作量轉移到雲端——預計速度和步伐會比過去快得多。」規模較小的公司和新創企業往往缺乏足夠的資金，卻能藉此獲得同樣的資源和節省成本，誘因是規模。許多公司已經能開發顛覆性技術，否則這些技術的成本太過高昂。

　　舉例來說，叫車公司Uber建構即時物流軟體，在全球監控並匹配數百萬名乘客和計程車；Spotify的資料庫可依據個別需求，為數千萬名用戶播放任何專輯的歌曲。

　　這些廉價的電腦能力也對重大的研究構想有益處。英國製藥巨頭**葛蘭素史克（GlaxoSmithKline, GSK）**和Google母公司**Alphabet（股票代號：GOOG）**旗下的Verily公司[11]正在運用機器學習技術，建造能夠刺激神經的微型植入式機器人。這個微型微軟機器人能夠消滅關節炎、克隆氏症和糖尿病等慢性疾病（請見本書第十二章）；

11　原名為Google X生命科學部門（Life Science Division of Google X），致力於生命科學研究。

微軟（股票代號：MSFT）則在編寫軟體，以儲存合成DNA的數位資料，他們的工程師已經有辦法將200萬位元組（MB）的數據，塞到一個比鉛筆筆尖更微小的表面；網際網路上所有的公開內容都可以放進一個鞋盒大小的空間中（請見本書第三章）。

這種重大的轉變將為投資者創造巨大的機會。研究公司高德納（Gartner）預計在2021年時，公共雲端運算產業將成長至3,020億美元，比2017年的1,530億美元成長近兩倍。前途一片光明。

案例：亞馬遜——動見觀瞻的雲端龍頭

臉書和Netflix都是由電腦能力和雲端靈活性促成的革命性應用程式。然而，第一家大規模營運的雲端企業是亞馬遜（股票代號：AMZN）。龐大的電子商務作業建於AWS之上。十多年後的今天，AWS已成為全球遙遙領先的雲端運算企業。

自2006年AWS走進主流商業領域以來，少數幾家大型科技公司——亞馬遜、臉書、Netflix、Salesforce.com和Adobe——建立令人印象深刻的雲端型企業，以充滿活力的新型商業模式巔覆產業，打造可擴展的一流產品，能

在任何有網際網路連接的設備上使用。

　　顧客一致認為創新者是贏家。投資者應予以關注──雲端是運算的未來。這種不可避免的趨勢將引領具競爭優勢的公司實現驚人的成長。AWS的優勢在於規模、安全性和開發商的服務範圍，得益於早期採用的API。如今，AWS擁有所有雲端業者中最大的第三方網路。

　　AWS的管理者也在開源標準[12]制定穩健的轉售計畫。2011年推出的AWS GovCloud是獨立的安全伺服器基礎設施，對許多州和聯邦政府機構有重大且持久的滲透力。

　　2014年七月，《大西洋》（*The Atlantic*）雜誌報導AWS與中央情報局（CIA）在2013年簽署祕密協議。這項耗資6億美元且歷時十年的突破性協議，共涉及十七個情報機構。而其中最大的賣點在於──CIA只為自己所使用的AWS服務付費。這種實支實付的模式從根本上降低成本，徹底改變私有IT的基礎設施。2013年，AWS將此模式帶到美國政府中。隨著其性能的提升，AWS和它的網路夥伴贏得更多合約，成為未來計畫不可或缺的一部分。

　　2016年七月，美國國務院授予AWS及其合作夥伴C3

---

12 意指公開發表的標準，擁有與之相關的權利與屬性。

IoT（一家物聯網軟體開發商）內容廣泛的合約，提供預測分析和即時存取兩萬兩千個設施的遙測、企業和超企業[13]數據。五角大廈預計授予 AWS 為期十年的合約，以幫助美國國防部在雲端安全作業，這項名為「聯合企業防禦」（JED）的基礎設施計畫可能價值 100 億美元。

《商業內幕》（*Business Insider*）指出，政府官員對 AWS 贏得 JED 非常有信心，他們在交易完成之前就已開始將業務轉移到 AWS 的政府雲端服務 GovCloud。考慮到國防部希望將合約授予一家公司——已具備 AWS 雲端基礎建設和經核准的經銷商網路——這一點值得肯定。沒有其他公司能提供必要的規模和安全性。

AWS 的特許經銷權只是亞馬遜的一部分。該公司最初的經營支柱是堅如磐石的電子商務，隨著銷售額激增，它每季都變得更強大。2017 年八月，亞馬遜宣布要收購擁有四百六十家商店的高檔雜貨連鎖店全食超市（Whole Foods Market）。這是一筆 140 億美元的交易，目的是有效加入以利潤微薄聞名的食品零售業。消息一出，全食超市和亞馬遜的股票雙雙大漲。

---

13 企業功能除了涉及內部的財務、人力資源、生產和物流，也涉及外部的生態系統價值鏈，包括合作夥伴、顧客、供應商等。

這並不是因為一加一大於二的綜效緣故，也不是因為亞馬遜將因此提高利潤。其實原因簡單多了。全食超市讓亞馬遜最優質的產品更具吸引力，這個產品就是亞馬遜Prime。亞馬遜從來不遵循傳統大公司的規則，它不願意擴大，也完全不擔心公布利潤，它就像新創企業一樣將現金流量再投資到本業之中。從一開始至今，亞馬遜的重點一直放在鞏固忠實的老顧客上。

　　這些老顧客是Prime會員。他們很喜歡在這家線上零售店購物，願意每年支付99美元來享受優惠。該公司已穩定佔有64億美元的訂閱業務，並在2018年第一季的電話會議上暗示該年股價可能會上漲20美元。

　　2016年，資產管理公司Cowen的分析師，計算出亞馬遜Prime會員的每月消費金額高達193美元，其中有91％的人會在第一年之後續約。同年二月，他估計全球的Prime會員數量已成長至八千萬人。

　　亞馬遜建立的商業模式，旨在讓最優質的顧客付費加入、大量消費且不離不棄。這一點很厲害。亞馬遜確實為會員提供豐厚的福利。會員能從雲端享有免費的音樂影片串流服務、包裹免運兩天。此外，他們還能將照片儲存到雲端、借閱數位讀物，某些郵遞區號還能享有免費外送。

亞馬遜的勝利不在於即將提高全食超市的利潤。事實上，《彭博社》指出亞馬遜即將降價。決勝點在於全食超市使Prime的價格更具黏著性，從而增加顧客的支出。

操作建議

從長遠的角度來看，我認為**亞馬遜**的股價會因為它前途光明的基本面，以及受到靈活、雲端型商業模式的活力推動而遠高於2,300美元。雲端業務的銷售成長前景也很可觀，對於像CIA這樣的長期顧客，再加上國防部的支持，也許沒有外力能阻礙這家好公司的發展。亞馬遜的估值可能會時不時變得過高，導致拉回和整理，但隨著時間過去，亞馬遜仍值得所有期待高收益的投資人將它增加到你的投資組合中。

2

感測器：
從類比到數位的世界

快速掃描

感測器（Sensors）就像數位時代的眼睛、耳朵、鼻子和皮膚，它們幫助工程師加快前進的步伐，在更深的層次感應和掌握整個世界。雖然感測器在低端市場已商品化，但在中高端市場充滿大量的商機，從而讓那些精明、敏銳的企業獲利。

持股建議：對投資者來說，康耐視公司（股票代號：CGNX）、FLIR系統公司（股票代號：FLIR）、芯源系統公司（股票代號：MPWR）是很適合的起點。此外，**開拓重工**（股票代號：CAT）、迪爾公司（Deere）、力拓集團（股票代號：RIO）、必和必拓集團（股票代號：BHP）等創新的業界龍頭也是如此，他們都在善用這些設備來改善和加速國際商業的新陳代謝。

目前全球流通的智慧型手機約有二十億支,大多數人至少都持有一支,我們習慣將手機的方便和功能視為理所當然,卻忽略大局。智慧型手機的大規模生產壓低微型光學、語音和其他測量感測器的價格。這意味著現在用數位片段記錄模擬世界相當划算。

在這個章節,我會探討感測器的實際應用,並告訴你們蒐集數位資料是怎麼引導實際問題得到解決和形成有力的新型商業模式。過程中,我也會呼籲創新的公司利用新一代的感測器技術,讓企業提升到另一個層次。

柯達公司的經驗

(觀)(察)(指)(標) ▶ **數位感測器的巨大潛力**

1975 年,伊士曼柯達(Eastman Kodak)的工程師沙森(Steve Sasson)發明第一台數位相機感測器,它有烤麵包機那麼大,數據都記錄在盒式錄音帶裡。只有在電視上才能看到這種顆粒狀的黑白圖像。

沙森把模型帶到柯達董事會,憑著年輕又抱負遠大的心,期盼經營者能看見感測器的巨大潛力。那八磅重的裝置避開時下相機的眾多缺點,不受相機膠捲的大小限制,

也因為沒有運轉零件而不易發生機械故障的情形。可惜的是，董事們只看到體積龐大的精巧裝置沒有使用柯達所生產的化學品或紙張。於是，他們決定淘汰這個構想。

沙森當時所吞下的閉門羹，最終導致柯達在二十年後終止了自家的攝影業務。

以客觀的角度來說，無論是沙森還是柯達的高層主管，都不可能預料到數位感測器會發展得如此迅速。雖然當時的構想很新穎，但似乎完全不切實際。笨重的相機沒有市場，因為它需要外接螢幕才能看到照片。奮勇投入研發會顯得魯莽，也有可能破壞柯達的核心業務。

如今，感測器的成果顯現在每一支智慧型手機上頭，其性能在各方面大為改善，它們變得更小、更便宜、更精確，也更可靠，而且能看到和記錄的東西更多。經過多年來不斷地改進，感測器已然模組化。數位相機的感測器變得相當實用。

這些設備就像新數位時代的感官，協助我們的機器大開眼界，它們是新資訊的進氣閥，也是幕後觀察者和間諜組成的網路——持續透過麥克風、計數器和陀螺儀蒐集數據，以便在雲端進一步加工。感測器主要扮演幕後英雄的角色，正加快時代進入「快速前進」模式。而那些開發、

製造、分銷、操作、分析和檢修感測器的公司，過去五年躋身最發達的行列，接下來的五年還會變得更有價值。

硬體開發商使用這些工具及其副產品來數位化、拍攝、複製和改造物理世界。就像四十年前的沙森一樣，他們正將現實世界的事件轉換為軟體和數據。這類資訊彌足珍貴——若能正當運用，就能迅速提升人們的生活水準、生產力、企業資產負債表以及更大的利益。

以下我將帶你一覽某些私營和上市公司的例子，我將會探討三家值得認真的投資者們考慮持股的人公司。

小型衛星的大機遇
觀察指標 ▶ **行星實驗室**

衛星影像新創公司**行星實驗室（Planet Labs）**設定非凡的目標：持續從太空勘測整個地球。小型低軌衛星一直以來都在拍攝愛荷華州玉米田、俄羅斯油田等目標的高解析度照片。

該公司於2010年成立，原名為Cosmogia。三位NASA工程師對智慧型手機的開發很感興趣。剛好這些裝置比造價高昂的衛星，擁有更強大的處理能力和更先進的

感測器。這讓他們看見顛覆航太產業的難得機會。

那是一段奇妙的時期。緊接在金融海嘯之後，迎面而來的是預算壓力。NASA當時迫切鼓勵小型公司和研究機構參與其中。一項太空任務「太陽動力學天文台」（SDO）的衛星本體於2010年二月發射，耗資8億5,000萬美元，相當驚人。

早在2001年發射的起源號探測器（Genesis，它是一具低成本的太陽風粒子收集衛星）的價格已飆升至1億6,400萬美元。因此不得不捨棄某些東西。而解決方案就是快捷衛星（FASTSAT，意即快速、可負擔、科學和科技）。當時的構想是利用近代智慧型手機中常見的感測器，建造新型低軌實惠的衛星。NASA工程師波修詹（Chris Boshuizen）和馬歇爾（Will Marshall）負責執行這個任務。最後，他們在2013年成立團隊，發射三顆小型衛星：亞歷山大、格拉漢姆和貝爾，以電話發明家的名字命名。這些小型衛星進入太空並傳回高解析度照片只需要7,000美元的成本。

當時，波修詹、馬歇爾和辛格勒（Robbie Schingler）努力經營行星實驗室。他們想利用軟體模型製造更小型、更便宜的衛星。先是建立原型，再決定如何讓原型與軟體

建模、現成的感測器和廉價的智慧型手機零件一起運作。他們的雄心壯志和初期成功吸引到創投業者的注意。

2014年，行星實驗室從國際太空站（ISS）發射二十八顆稱作「鴿子」的小型衛星到低軌道，疊代[1]持續著。如同智慧型手機每推出一款新型號都會有更優良的規格，價格也更低廉。該公司目前有一百三十顆低軌「鴿子」在運行，每二十四小時就能拍攝整個地球的高解析度影像。

該公司的相機每天拍攝一百五十萬張照片，每小時有效地為地球建立索引，這是政府衛星辦不到的事。惟有當公司善用演算法和機器學習，充分理解豐富的經驗數據時，相機才能改善和提升速度。

小型衛星相關的商務應用顯而易見。這種精確、即時數據使保險公司得以驗證索賠，使鑽油業者能監控工地安全，也讓投資分析師得以蒐集、洞察農作物產量、貨櫃裝運抑或是購物中心流量的資訊。

這些數據都能與其他經驗數據集聚合，從而獲得更深刻的見解。潛在的用途沒有設限。數據的重要性無與倫比——這就是感測器突飛猛進的成果，伴隨著遞減的成本。

1　重複過程的活動，每一次的重複代表一次疊代。

金屬礦業的破壞式創新

觀察指標 ▶ 力拓集團

礦業巨頭**力拓集團（股票代號：RIO）**為了銅礦義無反顧。該公司的新礦井位於亞利桑那州蘇必利爾附近，在地表下近七千英尺深之處。那裡的氣溫通常高達華氏一百七十五度。熱水像雨水般從高處的岩石落下。

倫敦的力拓和澳洲的**必和必拓集團（股票代號：BHP）**子公司決心銅礦（Resolution Copper Mining）正在此處挖掘一點三英里深的礦井。十年前，明智的高層主管肯定不會放行這項計畫，因為技術挑戰如此艱巨。讓他們改弦易轍的關鍵，在於改變礦業的契機——感測器、自駕車和數據分析能實現以往被視為不可能的計畫。

這並不是科技首次改變自然資源產業的格局。正如數據分析和先進的建模能更輕易壓裂頁岩和找到天然氣，這些工具將在採礦作業中發揮重要的作用。

工程師找到如何應付高溫和流水的辦法後，打算徹底重塑礦業。**開拓重工（股票代號：CAT）**和**小松礦業（Komatsu Mining）**已經在建造訂製的電動裝載機、挖土機和其他自動化設備，上頭皆會配備數千個感測器，以

實現三百六十度數據採集和分析，進而達到全自動化。在數百英里外的技術人員監視下，這些機器將發現礦石、開採，並將之運送到地面。

只不過，該計畫並不便宜。《華爾街日報》指出這將耗資至少60億美元，且基於監管過程的因素，要等到2020年代中期才能開始作業。然而，報酬卻可能相當可觀。另一方面，礦業已耗盡露天採礦場中容易找到的優質銅礦，現有的礦床很難開採。該計畫的礦井也許潛藏十億六千萬噸的礦石和四十年的開採期。

取得礦床如今變得相當重要。銅在電動車（EV）領域扮演舉足輕重的角色。電動車目前只占車輛總銷量的一小部分，但銷售額正快速成長。

BHP是「Resolution計畫」的次要合作夥伴，該公司預期到了2035年總共會有一億四千萬輛電動車上路。2018年初，僅約有一百萬輛電動車。英國《金融時報》指出，電動車所使用的銅大約是內燃引擎車的四倍。

如果BHP的預測正確，而且電動車在2035年取代8％的傳統車輛，那麼計算出來銅的新需求將達到八百五十萬噸，大約是當前總需求的三分之一。你們可以想像這種失衡對銅價會產生怎樣的影響。更重要的是，要考慮可能的

新型商業模式，並思考樂意展望未來的精明投資者所能獲得的機會。

擴增的運算能力、機器人學[2]和感測器，這些新科技讓力拓集團的高層主管夢想著深入地表下一英里多的地方開採銅礦，並履行任務。

眼球上的微型感測商機
觀 察 指 標 ▶ Alphabet、Sony、三星

光憑眨眼就能拍下快照或錄下影片，該有多神奇啊？這種超能力會比你們想像的還要早問世。Alphabet、Sony和三星都已為自家的隱形眼鏡系統申請專利，該系統使用微型電子天線和光學感測器來錄製影片和拍照。這種技術的確存在，而且確實發生了。

內建相機的隱形眼鏡肯定會讓大多數人感到吃驚，但擴增實境和其他妙不可言的應用程式並不讓人意外──警察環視人群後就能辨識嫌疑犯。醫護人員憑視覺鑑定後，就能取得受害者的醫療記錄。急救人員戴上耳機和連

2　涵蓋機器人設計、建造、運作和應用的跨領域科技。

接網路後，就會突然擁有診治的超能力。

2009年之前，這個概念純粹是無稽之談，直到華盛頓大學的研究人員成功測試一個涉及積體電路、無線電收信機和發光二極體（LED）的原型後，才終於如願以償。

2016年，美國國防部的研究部門「國防高等研究計畫署」（DARPA）對科技界提出質疑，要求藉由模組化大幅縮小印刷電路板（PCB）的尺寸，目標是讓印刷電路板變得更小，以縮短數據移動所需的時間和耗能。

DARPA有其動機。官員表示這個新架構很適合應用在即時影片來源的物體辨識，以及協調快速移動的成群無人飛行載具；新架構也有助於縮小隱形眼鏡相機系統所需的電子元件。

截至目前為止，大型科技公司申請的所有專利都涉及多層體系——天線可以像智慧型手機一樣將數據無線傳輸到其他設備；電路零件包括微處理器和自動對焦攝像感測器。Sony的專利涉及內置儲存，目前我們還不清楚它將如何運作。

至於動力，每項專利都會以某種動能的形式試驗。這個想法是利用自然眨眼所產生的動力。設備將以特定的方式區分有意的眨眼，藉以控制用戶界面。這一切可說是錯

綜複雜。話說回來，我們在討論的可是附著在隱形眼鏡的微型感測器。

垂直農場的綠色經濟鏈

 ▶ Plenty 農業科技

舊金山農業科技公司Plenty名聞遐邇，它令人信服的垂直農法[3]理念可以永恆地改變農業，這全要拜感測器的成本驟然下跌所賜。

2017年，Plenty獲得2億美元的資金，由億萬富翁——軟銀的孫正義、Alphabet董事長施密特（Eric Schmidt）和亞馬遜創辦人貝佐斯相關的投資公司一同注資。這些富人們正把賭注押在此巨大的農業突破上。投資者應密切關注。

幾個世紀以來，農業的發展並未經歷太大的變化。當然，現在已有了可自動駕駛的拖拉機，甚至也有了無人機，但基本的務農過程仍包括播種，以及耐心等待大自然賜予土地豐收——Plenty希望能改變整個過程。

3　意指在垂直堆疊或垂直傾斜的表面生產農產品的做法。

正如你們可能預料到的，該公司考慮到它深植在舊金山灣區的根基，正設法運用資訊科技和健全的理想主義為農業注入大量活力。

根據Inhabitat網站的報導，Plenty聲稱數據科學和微型感測器的進步會限制99％用水量。對某些作物來說，LED照明、濕度控制和種植技術可以將產量提高到一般農場的三百五十倍。所有農產品都能免除殺蟲劑、除草劑和基因改造生物（GMO）。

再者，這些農場都位在室內，面積比郊區的沃爾瑪或家得寶（The Home Depot）賣場都來得小，因此可以將它們安置在城市人口較多之處。

這就是理想主義發揮作用的地方——Plenty把容易獲取營養的有機食品當作它使命宣言的一部分。該公司在它的部落格上頭解釋，過去幾十年，我們食物中的維生素和礦物質其實已經漸漸減少了。儘管聽起來不合常理，但作為一個以農業為利基點的企業，它已從由在地化農場拼湊而成的大雜燴，轉變成一個大型國際企業。

Plenty創新的重點，在於它三千英里供應鏈的經濟效益。水果和蔬菜經過精心設計，能夠抵抗長途貨運造成的損傷，以及在裝卸碼頭長時間停留所造成的碰撞。

該公司的年輕執行長巴納德（Matt Barnard）對創新有不同的看法。他認為控制環境的各個方面可以降低成本，減少農場占地面積能讓農產品「更接近市場」。這也意味著它可以試驗原生種子，例如黑番茄和紫花椰菜。

　　將供應鏈縮短到五十英里擁有極大的優勢。在眾多方面，垂直農法是多年前科幻小說中描繪的創新類型，合乎情理。只不過，這在五年前並不符合經濟效益。拜雲端運算、機器學習和感測器價格下降之賜，讓它成其可能。

　　感測器正將資訊科技商品化——就如同水果、蔬菜和家畜。「商品化」即將改變所有行業，它正迅速振興舊有的商業模式，並創造垂直農法這類的新型商業模式。這是絕大多數投資者都會錯過的一種轉變，因為必須冒著看不見的風險。

新鍍金時代來臨
觀察指標 ▶ 大賺智慧財的智能黑馬

　　不可否認的，投資任何以大宗商品為標的的任何市場，都存在著巨大的風險。幾個世紀以來，投機者在棉花、穀物、家畜和能源價格的波動中，曾經勝券在握，也

曾經一敗塗地——包括天氣等不可力抗的因素經常牽動著市場走勢。

資訊科技正經歷不同的變化，我經常把現在這個時代比作鍍金時代。南北戰爭後的幾十年到二十世紀初，美國工業發生了變化。這不單純是工業化的到來，而是更重大的轉變。卡內基（Andrew Carnegie）、J.P.摩根和洛克斐勒（John D. Rockefeller）等大亨引領的公司開始急遽擴張，進行縱向和橫向的結合，它們藉由購併來消耗競爭對手，或是乾脆把價格降到其他小企業無利可圖的地步。

這是可能發生的，因為大公司能輕易取得市場資訊，並且擁有一定的規模，而這些競爭優勢進一步鞏固了它們的長期獲利。

如果你稍微研究當前的資訊科技生態，就會發覺這些主題淺顯易懂——業界龍頭擁有大量智慧財產權組合，也具有壓倒性的規模。對手沒有資格進入大多數的成熟市場，因為他們無法以具有競爭力的速度生產。當他們真的辦到時，很快又會因為創新的緣故而被業界龍頭收購。

舉例來說，Sony和三星主導數位相機時代的感測器，要尋找光學感測器的開發商一定會先從日本和韓國下手，因為他們能在那些地方爭取到最好的價格和設備。

伊士曼柯達於2012年申請破產保護。這家於1888年成立的紐約上州公司以區區5億2,500萬美元出售其龐大的智慧財產權組合。買家包括蘋果、Google、亞馬遜、微軟、三星、Adobe Systems，以及台灣的公司宏達電（HTC）。

「利基市場」是投資者的好機會。由於感測器的性質，某些較小的公司已發展出大規模的智慧財產權組合和規模經濟[4]。隨著他們的產品市場在數位時代快速成長，他們必定會成為更大的企業。

案例1：康耐視——協助機器人大開眼界

康耐視公司（股票代號：CGNX）是工業機器人感測器和視覺系統的領先製造商，其技術堪稱是工業4.0[5]和智慧工廠崛起的先決條件。

有很長一段時間，智慧工廠淪為不切實際的空想。即便機器人的力量令人印象深刻，但缺點就是它無法發言，沒有靈魂之窗，也無法理解自身在整個生產線中的定位，因此他們只能待在精密的輸送帶上沖壓、焊接或推移物

4　意指擴大生產規模，引起經濟效益增加的現象。

5　德國政府提出的高科技計畫，亦稱作「第四次工業革命」，旨在提昇製造業的電腦化、數位化和智慧化。

品。這些限制都隨著康耐視Insight Vision系統的出現而改變——機器人成為現代工業製造集團的核心和精髓。

康耐視於1981年成立，創辦人是麻省理工學院的講師希爾曼（Robert Shillman）和兩名研究生。1982年發行的DataMan視覺系統使用光學字元辨識，來讀取、驗證和確保字母和數字的品質。從那個時候開始，為了建立智慧財產權組合，該公司已開始進行一連串的併購。

在汽車製造的領域（這裡是大多數高昂工業機器人的故鄉），這家麻州公司的視覺感測器、相機系統和訂製軟體如今已成為業界標準，它們可以輕易固定於各式各樣的機器人身上，附設的掃描器也能檢視汽車剎車片的生產情況，而3D系統則能檢測肉眼看不到的瑕疵，結果便是顯著提升產品的品質，減少設備停機時間，增加投資報酬率。

該公司的系統也在現代內燃引擎的每一個生產步驟發揮效用。視覺工具利用「光學字元辨識」（OCR）的演算法辨識序號；機器人安裝2D視覺系統後，能檢查、挑選和定位金屬製造；而3D視覺掃描器透過焊接、鉚釘和黏合劑的應用確保品質。對財務管理層來說，這樣的投資不用費心，而且過程值回票價。

若將這項技術應用到機場的話，意味著行李系統每小

時能掃描九百個旅行袋，能檢測出有問題的行李掛牌和區分可疑物品。隨著全球快速建設新機場的腳步，解決安全問題變得更加迫切，這讓康耐視的系統炙手可熱。

該公司迅速成長。2017年十月時，它公布第三季銷售額成長76%，達到2億5,974萬美元，比普遍看法高出336萬美元；該季的收入上升至1億235萬美元，比前一年成長91%。

雖然康耐視已有三十六年的經營歷史，但它的業務正在加速發展。過去五年，它在銷售方面有爆發性的成長，複合年均成長率為24%。2016年，康耐視的銷售額為5億2,100萬美元；2017年的前九個月，銷售額已飆升至5億6,700萬美元。隨著該公司致力於提升工廠效率，以及政府投資機場安全的決心，銷售額勢必還會再增加。

雲端運算、大數據和認知運算[6]正邁向機器人學的領域，潛藏其中的收益之大，不容投資人忽視。為了達到目標，相關產業的管理者就必須投資視覺系統。康耐視建構一流的系統，平台由每一家位居領先優勢的汽車製造商經營，這可望成為它的贏家優勢。

6　意指模仿人類大腦的運算系統，讓電腦不再只是單純的開發系統。

從過去五年到 2018 年初，**康耐視**的股價上漲 690%。這樣的成長遠未結束。該公司的股票依然適合新的投資者買進。

案例 2：FLIR 系統──熱追蹤視覺的翹楚

FLIR 系統公司（股票代號：FLIR）是全球最大的熱像儀、零組件和感光元件製造商。

多年來，這家位於奧勒岡州的公司一直緩慢穩定地成長，其感測器運用在軍事和露營車的市場。這個階段即將結束。該公司目前積極開拓車用市場，迎接高階輔助駕駛系統和自駕車的時代，這對投資人來說是大好機會。

絕大多數的外行人很難找到 FLIR 的產品。該公司生產用於監視科學儀器、海事、安全和探測應用的高科技設備。FLIR 製造的 Ranger HRC 是支援網路的遠程相機系統，能在十公里外發現敵軍；Star Satire 是用於攻擊直升機的先進情蒐、監視、偵察和瞄準的系統；PD-Black Hornet 微型偵察航拍機則為戰場上的軍隊提供與前兩者相同的能力，這架看似玩具的小型直升機，其實是世界上最小的無人機，它將 FLIR 成像技術發揮得淋漓盡致。

該公司生產的裝備也獲得急救人員、邊境保全人員、

商人、科學家和露營車愛好者的好評。優良的熱感裝置可以協助乘船者找到平穩的波浪，夜視相機也能協助他們保持安全——FLIR製造的是業界公認最優質的航海設備。

直到現在，即便步伐緩慢，這些業務都持續穩定成長。該公司2012年的營業額為14億美元，2015年提升至15億6,000萬美元。2016年，公司的管理部門開始積極為專利技術尋找新市場，銷售額為此達到16億6,000萬美元，成長6.75%。

此外，車電產品是該公司最重要的新業務。現今的交通工具比往日更依賴技術——相機為箇中關鍵。FLIR的管理者正透過機器視覺[7]的嵌入式系統策略，將公司的專利技術推向市場。而創新之處在於把FLIR視覺系統導入網路邊緣的模組零件。

邊緣運算（Edge Computing）[8]的優點是效率高，大多數的初步加工發生在蒐集數據的地方，能減少對網路的需求；生產小型板機（small board computers）和模組系統的成本也較低。

7　配備感測視覺儀器的檢測機器，適用於檢測產品的缺陷、判斷並挑選物體、測量尺寸等。

8　分散式運算的架構，將應用程式、數據資料等從網路中心的節點移至網路邏輯邊緣的節點，很適合處理大數據。

FLIR近期發布了Spinnaker SDK開發平台，Tier 1汽車零件供應商可以取得這款軟體開發套件。該公司還計畫將Boson熱像感測器技術引入代工生產的高級輔助駕駛系統開發，這種技術的使用目前僅限於汽車零組件產業。

專門調查數據通訊技術市場的ABI Research預測，包括熱像感測器在內的夜視系統，每年出貨量將從2017年的二十萬增至2021年的四百二十萬，這是FLIR下一個階段的起始點。當它打進汽車代工生產市場時，另一扇新門會開啟，營業額也會加速增長。

操作建議

FLIR的股價在2017年上漲30.5％，過去五年到2018年初上漲125％。股票依然適合新的投資者買進。

案例3：芯源系統——掀起單一電源革命

美籍華人邢正人（Michael Hsing）費盡職業生涯，只為尋找單晶片電源解決方案，因為對電機工程師而言，它就像是某種形式的聖杯：效率的縮影。

邢正人於1997年成立**芯源系統公司（股票代號：MPWR）**，當時已在矽谷打開知名度，他的履歷充滿積體

電路專利和龍頭企業的資深職位頭銜。然而，他在1998年才朝著畢生抱負邁出第一步。他剛起步的公司開發出筆記型電腦背光供電專用的單晶片（single chip），這在當時是重大的技術成就。相較於筆記型電腦，行動電腦（mobile computer）比較像是一個小型公事包——耗電的螢幕、感測器和處理器會降低其性能，也需要裝上笨重的電池。

芯源系統的解決方案打破了格局。2003年，這家小公司的市佔率為40％；2005年，筆記型電腦改變了運算方式，其中有80％的產品使用了芯源系統的晶片。接著，在芯源系統早期成功的輝煌時期，邢正人把公司帶往新的方向。他利用芯源的設計專長來實現多樣化，開始為越來越受消費者歡迎的產品設計晶片，諸如更精密的液晶電視、數位視訊轉換盒和無線設備。這使得銷售額和利潤大幅上升。

2009年，芯源系統做出另一個關鍵性的轉變。縱使消費性電子產品業務在該公司1億6,500萬美元的年度銷售額中，已佔據大部分的份額，但該公司的管理者還是看到新的機會出現——他們認清半導體在商品化、網路在普及化，軟體基礎設施使萬事萬物連結網路不再是夢想。芯

源系統設計的小型超高效積體電路晶片，讓這個領域有望成為金雞母。IC設計師開始為工業、數據中心、電信和汽車應用開發新的感測器和其他產品。

然後，邢正人於2013年實現畢生的職志。他成立的公司為單體電源模組申請專利，這個模組能將整個電力系統合併到一個單一封裝中。這是一個開創性的時刻，也是世界邁向感測器和互聯事物的完美時機。自2013年以來，芯源系統的複合年均成長率為17.7%，整體利潤率提升至55.7%，這些指標使公司遠遠超越競爭對手。該公司2016年的銷售額為3億8,900萬美元，而這只是開端。

2017年十一月三十日，在芯源系統的投資者大會上，財務長布萊根（Bernie Blegen）闡述網路化事物的機會有多寬廣，以及該公司要如何定位才能贏得市佔率。如今，汽車的半導體含量平均有350美元的價值。消費者認為他們的汽車理應具備現代化資訊娛樂系統、智慧電動裝置、安全照明和高級輔助駕駛系統。不過，USB充電、抬頭顯示系統、電動後視鏡、座椅暖通空調系統（HVAC）和LED燈等，全都需要使用尖端的IC。至於未來汽車需要配備的相機、雷達或光學雷達，以及超聲波感測器，都只會更頻繁地使用積體電路，這些都將受益於減少的電力消

耗。

　　目前，芯源系統與世界上每一家頂尖的汽車零件供應商合作，像是德爾福（Delphi）、博世（Bosch）、松下汽車、麥格納（Magna）和三菱電機等。如此一來，它便能接觸到包括福特、Nissan、BMW、賓士、通用汽車、Volvo、豐田和福斯等終端客戶。

　　該公司也積極進軍eMotion智能驅動技術，它開發出的無齒輪IC，比傳統馬達裝置的效率高出30％，且產生的熱能更少，同時提供更大力矩，因此變得更省電、更低廉。這些省下來的成本，最終會為產品經銷聯盟和代工生產業者帶來更可觀的利潤。布萊根指出，各式各樣的eMotion應用包括無人機、工業機器人、監控攝影機、印表機和汽車等。其中，一個外科手術機器人需要七十八個馬達和一百八十個感測器，每個機器人價值2萬美元。

　　除此之外，芯源系統還善用自家「可程式化」（field programmable）IC的設計優勢。現階段，這類智慧財產權的市場價值約為10億美元，涵蓋汽車、無線、行動通信基地塔、企業網路和數據中心伺服器、銷售時點情報系統等，以及諸如ATM自動櫃員機、醫療設備和安全設施等連網設備。這些子項目都在經歷升級周期，與網路的連接

更加緊密。

芯源系統另一項重要的創新就是交貨。如同大多數的公司，芯源系統一直在嘗試自助式服務。該公司近期開發出一個人工智慧平台，為代工業者和經銷聯盟提供採購IC的途徑。買家只要登入芯源系統的平台並選擇關鍵指標，該公司就會將顧客的設計細節上傳到各個零件。它們可能是e-Motion、直流變壓器、交流／直流電插頭，與隨插即用模組或IC。幾天後，UPS貨運就會把這些零件交付到顧客手上。布萊根表示，這項熱門服務的目標市場價值40億美元，其中IC為10億美元，而零件為30億美元。

該公司業務發展的勢頭正在飆升，一流的新產品以極快的速度贏得市佔率。2018年中期，該公司持有3億500萬美元的現金，沒有債務。投資人注意到這個局勢──該公司的普通股獨占鰲頭。2017年，其股價上漲38.1％。從2012到2018年四月，股價上漲805％。然而，成長性仍支撐其估值，使這檔股票仍具可買性。

伊士曼柯達已成為數位時代的「哏」。投資者都想知道：一間發明數位相機的公司怎麼會在數位時代遭致慘敗。柯達的管理者忽略紙質照片以外的應用，當時解決問題的方向走偏了。

光學感測器、麥克風和其他測量感測器，藉由將模擬事件轉換成易於測量、操作和分析的數位資料，進而改變了商業的樣貌。工程師也在利用輸入的資訊，創造小型、低成本的衛星、能拍照的隱形眼鏡系統、垂直農法和重型採礦設備，這些技術在十年前都是意想不到之舉。

　　不單純是感測器。這些構成要素會加載到出色的電腦處理能力和數據分析軟體。可以確定的是，感測器的價格還會繼續下跌。

操作建議

康耐視、FLIR 和芯源系統都是引人注目且歷久不衰的企業，原因在於他們都已建立重要的競爭優勢。投資者應當認同這一點。商品化的企業在適任的管理者領導下，很快就能獨占市場。請記住，洛克斐勒和卡內基的財富是建立在低價（以及新進入者的低利潤）上，如此就能將競爭對手拒於門外。

3/

人類基因圖譜：
破譯長壽的終極密碼

快速掃描

　　二十年前的人類基因組測定，使科學家踏上解決當代重大醫療問題之路。生物技術公司及其醫療設備產業的合作夥伴，正利用強大的新運算能力、雲端和人工智慧，馬不停蹄地發現新療法。

　　持股建議：雖然對投資者來說，生產新藥的公司往往成敗參半，但事實證明，購買生物醫學設備製造商、數據分析供應商，以及諸如**昆泰公司**（**IQVIA Holdings**，股票代號：**IQV**）和 **Illumina 公司**（股票代號：**ILMN**）等機器人製造商的股票卓有成效。

「顛覆傳統遊戲規則者」（game changer）一詞經常被濫用。不過，「人類基因組計畫」（HGP）是健康科學的真正改變者。在這個章節，我會探討HGP如何重置整個競賽場域，以及為什麼若缺乏運算能力會令其無法實現。我會告訴你們某些讓人拍案叫絕的應用方式，如今即將夢想成真，「編輯生命」的構成要素已不再是一個不可能的夢。我也會針對兩家可望長期成長的企業提出見解，他們所處的產業現在才正要隆重起步。

人類基因組計畫
觀 察 指 標 ▶ 打開潘朵拉之盒的受惠產業

1990年，許多來自世界各地的傑出基因科學家齊聚一堂，試圖解讀完整的人類基因組，他們雄心勃勃，史無前例。「HGP計畫」最初是由美國能源部和國立衛生研究院（NIH）資助。多年來，這個構想一直是學術界爭論的話題，然而在政府資金挹注後，加持了該計畫的落實。包含美國、英國、法國、澳洲和中國的遺傳學家，共同匯集數據和研究報告，很快便受到各方關注。

這項計畫原先預估須耗時十五年，畢竟，目標是要繪

製出三十三億對人類DNA。論及當時有限的電腦處理能力，這項挑戰可說是難如登天，好在資訊科技的合作和進展促進了創新，到了1990年代中期，序列分析DNA的計畫已接近完成階段。

緊接著，凡特（Craig Venter）創辦的**賽雷拉公司**（**Celera Genomics**），並在1998年挑戰極限。

受到「HGP計畫」大量共享數據的推動，塞雷拉展開私部門的基因組研究。一開始，公私部門的探索激起合作火花。凡特在NIH展開研究，跟該單位維持友好的共事關係。只不過，這段關係並未持續太久。

後來，塞雷拉上市了，股東開始要求投資回報，於是該公司的管理部門決定為先前私有研究的關鍵部分申請專利，而另一方面，參與HGP的公部門科學家也開始加把勁，他們的目標是將完整的人類基因組保存在公有領域，為了確保這一點，柯林頓總統（Bill Clinton）在2000年三月發表聲明——基因組序列不能取得專利。

消息一出，各家生物技術公司的股價暴跌，大約500億美元的市值在兩個交易時段如曇花一現般蒸發。

2000年六月六日，公眾利益組織完成人類基因組序列的草案。一年後，HGP和塞雷拉分別在《自然》（*Nature*）

和《科學》（*Science*）期刊發表數篇更精煉的研究論文。最終的HGP版本於2003年四月十四日發布，比原定時間提早數年。HGP的官方成本為30億美元，該計畫最後涵蓋92％的人類基因組序列，更重要的是，這為全球科學家齊心完成重大任務樹立了先例。這項計畫也表明，對爭強好勝的暴發戶來說，營造一點競爭氛圍是件好事。

研究人員發現，人類有兩萬兩千三百個蛋白質編碼基因，複製的數量比一開始認定的還多，其中有不到7％是脊椎動物特有的基因。人類也許能統治動物世界，但我們其實沒有原先設想的那麼獨特──HGP研究所帶來的益處幾乎每天都以嶄新的方式顯現。

起初，科學家預期該計畫會幫助研究人員鎖定特定疾病、辨識突變基因和設計創新的藥物。不過，還有其他意想不到的價值。研究人員已經能夠在法醫應用科學、生物燃料，甚至是農業領域開闢新大道了（請見本書第十一章）。

當今，許多規模較小的公司都在這些領域進行創新的研究。他們的成功極具開創性，目前正以飛快的速度向前邁進。

案例1：人類長壽公司——衰老的終結者

　　凡特表示，減緩衰老的過程和尋找治療癌症或心血管疾病的方法同等重要。凡特現在自立門戶，是國內出類拔萃的基因專家之一。他說的話有道理，且實際做起來可能更容易。

　　除了致力於解讀人類基因組的開創性努力，凡特身為科學家和企業家，在圈內有資深且極負盛名的歷練，但主要成就是他的公司塞雷拉與政府資助的 HGP 共同製作出人類基因組序列的初稿。當時，這份號稱「生命之書」的初稿，被視為是解開一切謎團的鑰匙，對於解開所有醫學研究者幾個世紀以來的疑惑，大有裨益。

　　即便這項成就令人興奮，但僅是解開基因組的謎團仍然不夠。凡特發現，只是隔離病人可能罹患的可怕疾病基因，並沒有多大幫助，因為危險的突變無可避免。他很快便意識到，自己需要一套系統性的方法來處理所有可能的基因排列組合。於是，機器學習和超強運算能力就派上用場。在隨後的一次大型合作中，凡特協助創辦一家名為**人類長壽（Human Longevity）**的生物科學新創公司。在那裡，他開始在病患的 DNA 資料庫中配置大數據分析，準備尋找複雜的基因互動模式。

雖然遺傳學領域的研究人員，多半會專注在癌症或心血管疾病上，但凡特的數據分析顯示，基因組無法預測這些疾病。他發現，遺傳標記只在不到10％的癌症中發揮效用，反而是飲食和運動等生活方式的選擇，更能預測心臟相關疾病。然而，大部分的癌症、心臟病和衰老之間都有直接的關聯。有鑒於此，人類長壽公司將重點擺在「延緩衰老」的策略上是很合理的。

但這個邏輯彷彿不切實際，而且人類長壽和其他基因研究公司一樣，仍在尋找人類基因組中可能有助於根除癌症的標記。只不過凡特明確指出，普遍認為「癌症基因」存在的這種想法太過於簡化。基因有許多功能，切除某個基因可能會帶給病患或他們的後代意想不到的後果。

另外還有一條能延緩衰老的明確途徑，以「幹細胞」（stem cells）為起點，也就是人體用來修復細胞損傷的未分化細胞。研究證實，老年人的幹細胞只占兒童幹細胞的一小部分。人類長壽公司認為，我們可以在人類出生的階段儲存這些細胞，往後若有異常狀況，也可以編輯細胞予以矯正，在晚年就能作為恢復疾病抵抗力的解決方案，將之歸還給病患。

該公司並非是第一家由追求「長命百歲」的夢想家所

領導的公司。西雅圖一間小型生物技術公司 **BioViva** 的負責人帕里什（Elizabeth Parrish），她身先士卒，成為實驗基因治療、抗衰老的零號病患；Google 的母公司 **Alphabet** 則投資高達 2 億 4,000 萬美元到 **Calico** —— 這家由**基因泰克（Genentech）**公司前執行長萊文森（Arthur Levinson）帶領的公司。該公司希望能逆轉人類老化的過程。

此外，**聯合治療公司（United Therapeutics，股票代號：UTHR）**的負責人羅斯布拉特（Martine Rothblatt）想融合生物技術和科技，讓情況更進一步發展。她的計畫在生物技術迎頭趕上的同時，能讓人把自身的思維數據上傳到軟體程式。這讓我聯想到英國電視劇《真實的人類》（*Humans*）中的擬真機器人，是如何將自己的記憶數位化，以便在日後回顧。

當凡特於 2000 年發表人類基因組定序時，「在一個世代內根除癌症死因」成為了話題。然而直到今天，癌症、心臟病和其他與年齡有關的疾病，仍占人類死因的三分之二。就我們目前所知，僅憑基因組研究根除癌症恐怕遙不可及。可是，光是延緩衰老七年，就能將罹患癌症和心臟病的風險降至一半。這樣的預測永遠符合時宜。

眼見為憑的生技大局

觀察指標 ▶ 從實驗室到手術室的突破性成果

2017年，一名英國醫生將經過實驗室改造的DNA，注入視障患者的眼睛，目的是要恢復他的視力。那位二十九歲的男子罹患視網膜色素病變（RP），這是遺傳性眼疾。患者在完全失明之前，視力會逐漸惡化。這種症狀是英國年輕人失明的主因，它無藥可醫，至少過去的情況是如此。

2003年，當人類基因組定序獲得成功後，說時遲，那時快，科學家開始修補生命的構成要素，要藉此治療內科疾病。RP是單一缺陷基因症狀的結果，也就是所謂的「脈絡膜缺失症」（Choroideremia）。這種基因缺陷會導致人類視網膜中偵測光線的細胞慢慢死亡，最初的症狀是夜間視力和周邊視力隨著視桿細胞退化而變差。最終，視錐細胞也會失去作用，導致中心、細部和彩色視覺完全喪失。

理論上，複製不健全的基因就能迎刃而解。英國國民保健署（NHS）、牛津大學和基因療法公司**Nightstar**的研究人員，在眼科教授馬克拉倫（Robert MacLaren）的指導下工作數年，他們的目標是開發出可修復不健全基因的

療法。即使基因編輯領域已有了最先進的技術，但修補遺傳密碼仍是一件錯綜複雜的差事——更改一個基因往往會帶給其他基因不堪設想的後果。即便如此，該團隊還是堅持執行任務。

馬克拉倫在接受英國《每日電訊報》（*The Telegraph*）採訪時表示：「更改遺傳密碼的過程總是如履薄冰，但我們所使用的新序列，在實驗室的研究報告中已證實有卓越成效。」當前的狀況一切順利，首名病患已回家休養。最初的結果鼓舞人心，但是馬克拉倫坦言，可能還需要數年的時間，才會有確切的證據指出其視力惡化的情況已經終止。

研究人員可能大功告成了。基因療法正從實驗室轉戰到手術室。病患可以親眼目睹實實在在的突破性成果。英國廣播公司（BBC）報導，法國兒童醫院使用基因療法治療一名患有鐮刀型紅血球疾病的青少年。研究人員修改他的骨髓基因指令後，產生健康的紅血球。經過十五個月後，尚無病情復發的跡象。

上述這些成果將扭轉醫療生技產業的大局。除了讓病患絕處逢生，也迫使製藥與生物技術公司、醫療保健供應商，以及保險公司等重新設定規則。他們全都快馬加鞭地

前進，以解決遺傳與基因的重大問題（請見本書第十一、十二章）。

把網際網路放進詹皇的鞋盒裡

觀察指標 ▶ 微軟及數據儲存方案

微軟（股票代號：MSFT）希望利用「合成DNA鏈」來解決全球數據洪流的問題。在資訊科技時代，大規模數據中心是必然的產物。

科技公司爭先恐後地在全球各地建設高耗電量的數據儲存中心。這麼做的理由很充分：我們身上、車上、家中和辦公室裡的感測器，正不斷地產生浩如煙海的數據，以便將類比世界轉換成數位世界。

你可以試著在臉書的功能列上按下「直播」按鈕；現在，你可以隨時向全世界播放高畫質影片，並使這支影片永恆留存在網路上。放眼世界，還有更多來自拖拉機、穀倉塔、噴射發動機與駕駛艙運算模組、街燈，以及市政電力系統的數據等，都能相互聯繫。這些數據都需要被儲存起來，以便日後能對其進行複雜的分析。

2015年，**思科系統（Cisco Systems）**估計，2020

年有大約五百億台連接網際網路的設備，每年會產生四十四皆位元組（ZB）或是四十四兆吉位元組（GB）的數據。找到有效儲存巨量數據的方法，是科技界接下來的重大挑戰之一。這也是為什麼某些工程師一直在研究去氧核醣核酸（亦即你耳熟能詳的DNA）——人類的DNA非常密集，因此能高效儲存資訊，而不穩定的特性也使其易於操作。此外，人類基因的可讀性可維持一千年到一萬年——比其他儲存系統還要長，這對數據科學家來說是完美的屬性組合。

DNA鏈皆包含四種基本化學物質的諸多組合：腺嘌呤、胞嘧啶、鳥嘌呤和胸腺嘧啶。生物化學家用首字母來表示這些化學物質：A、C、G和T，而正常的電腦數據是由1和0組成。因此，2016年四月，微軟的高層主管向一家叫**Twist Bioscience（股票代號：Twist）**的生技公司購買一千萬個合成DNA鏈。

這個想法是為了測試數位內容儲存於有機材料的效果。微軟首先將1和0轉換成字母的數位DNA序列，再將序列交給Twist，要求它用合成DNA複製。Twist複製數據後，將有機材料交給微軟測試。微軟和華盛頓大學的研究人員發現所有的數據——大約有200MB的數位文件

檔、藝術品資料和搖滾樂團「OK Go」的高解析音樂影片——不但可以挽回且完好無損。

將數位資料儲存在DNA上具有極大的潛力，它能克服當前儲存裝置科學的所有缺點，包括不會因為將資料暴露於磁場或極端溫度下而失靈。就算使用最先進的固態驅動技術，也會有斷電導致資料遺失的風險，可是在DNA上儲存數位資料卻不會受到影響。這是長久之計。只要媒介保持相對穩定的狀態，就能持續數千年不壞。事實上，近期發現的真猛瑪象（Wooly mammoth）DNA，足以使已滅絕一萬年的動物復活。

然而，DNA的密度是作為儲存媒體最引人矚目的特點。微軟能將200MB的數據儲存到如鉛筆筆尖大小的表面。研究人員估計，網際網路的所有公開資料都能裝進如鞋盒般大小的容器——也許是詹皇（LeBron James）的鞋盒。我相信你們懂我的意思。

在DNA儲存裝置成為主流之前，還需要克服一個障礙：執行過程所費不貲。對微軟來說也是如此。研究人員正在努力減少開銷，數位資料和合成DNA之間的編碼和解碼成本也持續降低中。期盼隨著研究繼續，新流程的費用會綽綽有餘。

正如其他雲端運算公司，**微軟**順勢而為，期望創造不計其數的新數據。正當這家位於雷德蒙德（Redmond）的軟體公司，搶著建設新數據中心的同時，它也在研究如何淘汰這些數據中心。這是一個勇於創新的新時代，這也是投資者還在討論微軟股票的原因之一。請密切注意這檔股票的動向。

油田裡的DNA
觀 察 指 標 ▶ **基因產業鏈的基礎設備公司**

　　專攻能源產業「基因體學診斷」的 **Biota Technology 公司**，正在進行一項前所未見的業務——它透過DNA定序技術來協助美國頁岩油氣開採商削減石油生產的成本。這些廠商亟需幫助，因為沙烏地阿拉伯和其他石油輸出國組織（OPEC）的成員國，企圖供應大量廉價石油給市場，這會把油價壓低到令其他生產商無法盈利的地步，進而被迫歇業。

　　「DNA定序」可以扭轉這個不利的局面。瞭解生命的構成要素，理應能讓研究人員識微見遠，藉以建構出開創性和精確療法——這就是Biota在做的事，該公司利用DNA定序發展和某些精密數據分析軟體來尋找鑽探新油

井的最佳地點。

目前，美國頁岩探測的基礎大都建立在古老的科學上——微震觀測、岩石物理學和地球化學技術，這些都是為了尋找常規與近海石油而設計的，但頁岩開採則完全是另一回事。頁岩開採需要在地面鑽洞，然後在頁岩層注入水、沙和化學物質的高壓混合物，使其破裂後釋放出困於其中的石油。為了獲取這筆橫財，妥善安排油井極其關鍵。

Biota的執行長兼共同創辦人卡薩崔亞（Ajay Kshatriya）認為，「地下DNA診斷」對於頁岩探測問題有所助益。撇開複雜數學和科學的巧妙應用不談，這個想法簡單明瞭。其作法是從井口收回岩屑，並從中提取DNA微生物樣品。DNA定序和數據分析是用來模擬油層的地下深度、尺寸和形狀。該模型的最終目的，就是為未來的油井布局更佳的開採位置。「這是測量油井的全新方法，能用更少的成本開採更多石油。」卡薩崔亞說道。

對美國頁岩生產商來說，此刻是再適合不過的時機了。路透社的報導指出，為了避開OPEC的傾銷攻擊，他們在2018年的前兩年削減了50%的成本。儘管他們近期與卡特爾（cartel）[1]同業聯盟的關係變得十分友好，但沒有

1 意指壟斷利益集團，是一個由生產類似產品的企業所組成的聯盟。

人知道這會持續多久。

Biota公司不願透露該技術的確切成本，但卡薩崔亞聲稱，讓一口新油井完全上線的成本，不會超過它總成本的1％。美國能源部在2016年三月的一份報告中指出，根據地理位置和地質條件，這個數字大約會落在500萬至800萬美元之間。

該公司目前已開發將近八十口油井，主要分布於北達科他州和德州。而像是挪威國家石油（Statoil）和EP Energy探勘公司這樣的大企業，只能對其誠心祝福。

EP Energy的地球物理顧問萬季春（J. C. Wan）在接受《CEP》雜誌採訪時表示：「DNA診斷工具用於我們在二疊紀盆地（Permian Basin）[2]的油田中，它尚有待克服的挑戰。即便早期成果證明它大有可為，但倘若能證實DNA定序卓有成效，就能引領我們公司和整個產業，邁向一個別開生面的新局勢。」

「HGP計畫」在2003年徹底落實時，我不認為有人相信DNA的構成要素會被用於石油探勘上。十四年後，「科學」十之八九能挽救美國頁岩企業和數萬個就業機會。對

---

2 又稱帕米亞盆地，其地理位置橫跨德州西部和新墨西哥州東南部，是美國石油探勘和開採的重鎮。

投資人來說，最佳策略就是買進那些提供設備與服務的公司。我們來看看以下幾個實例。

案例2：昆泰公司——壟斷新藥試驗的大贏家

昆泰公司（IQVIA Holdings，股票代號：IQV）的名聲或許並不響亮，但它的業務卻穩若磐石。這家位於北卡羅來納州的公司，正默默壟斷管理藥廠臨床試驗的市場。

要知道，藥物開發的成本讓人瞠目結舌——必須組成醫生和調查人員的網絡，還需要招募病患、提交申請監管文件，也必須設計、執行和監控相關的安全協定，以及蒐集和分析數據等……光是收集所有病患的血液，就是一項艱巨的任務。

國際科技研究機構Battelle發現，每位藥物試驗參與者的成本落在3萬6,500至4萬2,000美元之間。有些藥物試驗可能涉及成千上萬的參與者。根據2013年的統計，總共有一百一十四萬八千三百四十人參加這些試驗——這是所有製藥公司都「樂意外包」的大生意。

2016年，一家名為Quintiles的醫療生技公司與其競爭對手IMS合併。這是兩家體質強健公司的錦囊妙計，他們創造出一間該領域最大的公司，團結之後，勢不可

擋。在合併之前，IMS每年的四百五十億筆交易中，記錄著七十八萬個醫療保健數據串流，包括蒐集、分析和貨幣化匿名醫療記錄、診斷及處方，甚至是血液檢查的資訊；至於Quintiles的傳統業務，則創造繁多的研究和開發特許經銷權。

合併後的新公司——昆泰，使這些資產更上一層樓。它利用尖端資訊科技，將即時社群媒體監控、客戶關係管理、數據分析和該領域的專長融合在一起。過去從未跟他們合作過的藥廠，現在紛紛跟昆泰公司談妥下一代臨床產品的業務。2017年八月，該公司的執行長鮑斯比博（Ari Bousbib）在某次分析師的電話會議中表明，自合併以來，昆泰因為新產品的緣故已贏得6億美元的新訂單。

截至2018年六月底，這股熱潮把累計訂單金額推高至99億9,000萬美元。該公司預計未來十二個月會兌現30億美元的收益。前景一片光明。鮑斯比博表示，美國食品藥品監督管理局（FDA）已發聲要改變政策方針，以支持更多的創新。此舉將鬆綁法規，促進更多新藥試驗投入。

昆泰公司正持續前進並大舉投資，充分利用它在業界的主要受託研究機構³地位。2017年，昆泰的主資料管理

3　透過合約為製藥公司、研發機構或大型藥廠，在藥物研發過程中提供專業化服務。

平台與當紅的CRM行銷平台Salesforce.com結為一體。
這一切都發生在科學和資訊科技進步的浪頭上，讓研發新
藥變得輕而易舉——電腦運算能力顯著提升，加上優質建
模和人工智慧的引入，促使醫學有重大突破。

操作建議

> 免疫治療[4]和精準醫療是「人類基因組計畫」所實現的創新藥物
> 交付策略，理應會帶來眾多準備試驗的新藥（請見本書第十二
> 章）。投資人已經注意到了。從2013年到2018年一月，**昆泰
> 公司**的股價穩步上漲125％，光是2017年就漲了28.73％。該
> 公司的股票依然適合新的投資者買進。

案例3：Illumina公司——讓基因定序更上一層樓

　　理論上，精準醫療看似理想——根據病患的基因構
成，為其量身訂做療法。為了如願以償，研究人員需要
Illumina公司（股票代號：ILMN）提供划算的DNA定序
服務。這家位於聖地牙哥的公司在基因分型、定序、基因
表現和蛋白質組學方面領導群倫，前程似錦。

　　大多數被診斷為癌症的病患，目前都要接受一連串腫

4　透過誘導、增強或抑制免疫反應的療法。

瘤測試，通常最後他們會接受化療。這種「一勞永逸」的療法有很大的殺傷力，會不分青紅皂白殺死好細胞和壞細胞。相對的，精準醫療就像是一枚受到精確導引的精靈炸彈——醫生找出細胞層的突變後，用特定藥物療法來矯正異常，然後根據個人基因來調整劑量。這個理論可圈可點。唯一的阻礙就是成本。

2014年，Illumina公司憑藉強大的雲端型電腦和專利硬體，控制70％的DNA定序市場，更將每個基因組的成本從2010年的4萬4,000美元砍到只剩1,000美元，而且所需的檢測時間縮短到不到一周，幾乎每名病患都符合這個成本效益。

驀然回首，頭一個人類基因組定序耗時十三年，花費高達30億美元。「價格大幅下滑」這一點至為關鍵，因為這能擊敗競爭對手，使得他們無利可圖。當市場上出現新的對手時，Illumina便會對其蠶食鯨吞。2011年，它收購了Epicenter這家擁有獨家基因測試技術的公司。當法國製藥巨擘羅氏（Hoffman LaRoche）主動提出要以54億美元收購Illumina時，該公司的管理者斷然拒絕了。從那個時候開始，Illumina的股價上漲六倍之多。

在2017年十月公布的第三季財報中，Illumina銷售額

較去年同期成長17％，達到7億1,400萬美元。該公司最新的定序器NovaSeq，在過去九十天出貨了八十台，總銷量在前三季累計達到兩百台。執行長德蘇扎（Francis deSouza）三番兩次地建議分析師，應該大幅上修對Illumina的財務預測模型。

鑑於其中的利害關係，Illumina的強勁成長不無道理。FDA近期批准第一種名為KYMRIAH[5]的免疫細胞療法，光是在美國就有一千種類似藥物用於臨床試驗。基因組研究中心、製藥公司、學術機構、臨床研究機構和生物技術公司都競相發現和開發新的藥物療法，而這一切皆需要定序器的幫忙。

另一個重要的市場，就是罕見的未確診疾病。2017年十一月，保險權威**聯合健康集團**（**UnitedHealth Group，股票代號：UNH**）開始為這種案例的定序提供保險。Illumina公司的高層主管認為這麼做會涉及到一億人的權益——基本上，一年前並沒有這個市場。

Illumina的股價在2017年上漲35.2％，在2018年的前五年則上漲334％，且依然適合新的投資者買進。

5　該療法是一種以「基因改造的免疫細胞」為基礎的治療模式。

「HGP計畫」在2003年徹底落實時，很少有人能看透生命構成要素（DNA）的可能應用方式。隨著電腦運算能力、儲存和數據分析與時俱進，科學家不斷超越健康科學的極限。正如我們所知，凡特是HGP的靈魂人物，他正全力終結衰老；英國研究人員利用基因編輯治療失明；德州的醫生利用基因編輯救助罹患脊柱裂的胎兒；工程師甚至利用DNA定序在北達科他州發現石油和天然氣。

　　生物技術的領域正在快馬加鞭。HGP獨闢蹊徑，引入無數新方法。儘管研發新藥經常需要碰運氣，但對投資人而言，這是黃金時代，這股掀起的熱潮在2000年達到巔峰——塞雷拉公司一步步接近人類基因組序列的全貌。新藥的前景和更廉價的新發現助長生技股的飆升。後來，柯林頓政府介入，一掃500億美元的市值。

　　當然，還有其他風險存在。就算有HGP，研發新藥仍相當耗時和昂貴。2010年發表於《藥物大發現綜述》（*Nature Reviews Drug Discovery*）的研究，發現新藥的平均成本為18億美元，而即便如此，讓藥物上市並非立竿見影之事——大多數的新藥研發最後都沒能獲得FDA的批准。

操作建議

本章的重點，我放在投資那些基因或遺傳產業的基礎設備製造公司。雖然遺傳學的領域還很新，但常勝贏家輩出。他們的規模多半太小，還無法確立讓我們這些投資者放心的成績。相較之下，昆泰和 Illumina 這兩家公司體現了自身價值，且握有重要的競爭優勢，是值得追蹤的標的。

4

大數據：
驅動一切科技的燃料

快速掃描

七年前，資料分析專家安德魯·波爾開始在數據科學貿易會議發表演說時，這個領域還處於起步階段。有那麼多的數據、那麼多的可能性，以及難掩的興奮之情……對當時在場的人來說，感覺就如同盤古開天闢地一般。

持股建議：Splunk（股票代號：**SPLK**）和中國數據中心供應商**萬國數據**（**GDS Holdings**，股票代號：**GDS**）是大數據基礎建設的指標公司。Splunk建構軟體，幫助開發商在大海中撈針，查看數據中的規律，這是非常大的競爭優勢；GDS正在中國建立數據中心網絡，因為中國是全球最有利可圖的數據市場。投資人應當密切關注這些長期前景會隨著數據成長而改善的公司。

在雲端運算快速擴展，和鋪天蓋地的電腦處理能力推動下，大數據呈現爆炸式成長。數據科學家幾乎能無限使用超級電腦，大大改進數據分析軟體。在看似雜亂無章的數據堆中理出頭緒，比以往更加容易。當然，科學家也正使用這些分析工具，從令人眼花撩亂的數據中找出規律，解決真正的大問題——更優質、更高效的醫療院所與藥物研發僅是開端而已。

多年來，零售商一直在蒐集數位產出資訊[1]——巨量數據可以追蹤消費者在連結世界時所留下的足跡。假使能巧妙捕捉和運用「大數據」的軌跡，這些資料就會變得價值連城，而這一切都必須周旋於感測器擴散、強大電腦處理能力和新一代的數據分析軟體。

在這個章節，我會帶領大家跟隨大數據興起的步調，說明大數據是如何為零售商、醫院和投資經理提供決策資訊的，我會告訴你一些鮮為人知的企業，是如何在這個快速成長和非常重要的利基領域建立基礎特許經營權的。

1　意指使用數位產品與服務時所產生的資料。

數據科學的分水嶺

觀察指標 ▶ 收割大數據的無限潛力

　　波爾（Andrew Pole）並非是一個家喻戶曉的名字。他是一名數據科學家，也是僅次於沃爾瑪的第二大零售百貨集團——**目標百貨（Target，股票代號：TGT）** 的媒體暨資料庫行銷資深經理。

　　2010年，波爾在華盛頓舉行的「預測分析世界大會」中直言不諱，坦承目標百貨的數據使用情況。當時，這家位於明尼亞波利斯（Minneapolis）的公司是第五大折扣零售商，成長快速。在波爾的領導下，公司正在設計和實施複雜的數據探勘策略，從眾多來源獲取數據，並使用分析技術來鎖定目標客戶、引導特定購物者到店。

　　新生兒用品所費不貲。零售商曉得這一點。因此，新手父母和準父母都很受商人歡迎，他們每年可能會花費5,000美元購買嬰兒用品。波爾建造的系統能在準媽媽分娩之前找到這些父母。

　　在華盛頓的會議上，波爾花了四十七分鐘的時間，向數據科學家們講述目標百貨所採用的大數據系統，解釋他們如何從顧客電子郵件的點擊次數、網路瀏覽Cookie、

行動裝置的ID與優惠券、社群媒體、信用卡和條碼掃描中提取數據——他承認這聽起來似乎毫無隱私，但他也保證他們是在符合法規的前提下，建立這些可供行銷操作的顧客資料庫。

透過嬰兒登錄檔可以輕易地找到準父母。套用數據科學家的說法，這是「已知的已知」[2]。零售業者於是迅速透過電子郵件、手機優惠券和直郵廣告等方式，針對抽樣展開目標行銷。只不過，數據探勘作業的真正考驗，是在於找到「已知的未知」證據——這些關係可能存在，但尚未得到證實。

舉例來說，該公司的研究發現，原本習慣使用芳香乳液的育齡婦女突然改擦無香味的乳液，這表示她「可能」懷孕了；根據後來的回溯測試，妊娠中期的女性會三天兩頭購買棉球和毛巾這類商品。這些資訊都很可貴，也確實可行。目標百貨於是加強行銷，竭盡全力提供嬰兒床、衣服、尿布、安撫玩具等所有能讓新手父母掏錢的商品，以保障其未來的銷售額。

2　前美國國防部長倫斯斐在2002年回應記者關於美國與伊拉克開戰的問題，他說道：「據我們所知，有『已知的已知』，即有些事是我們知道自己明白；我們也知道，有『已知的未知』，即有些事是我們知道自己不明白。但是，也有『未知的未知』，即有些事是我們不知道自己不明白。」

數據中也蘊含著驚喜——這些都是「未知的未知」，是科學家意想不到的關聯。舉個例子，當男性在購買尿布時，也許會順便買啤酒。

目標百貨的實驗是一項旗開得勝的數據科學。波爾確立目標，找到蒐集正確數據的辦法，並制定戰無不勝的策略。他的團隊是目標百貨成長故事的主幹。他們的數據處理本領是合法的競爭優勢，這在十年前是遙不可及的事。

這也是大數據發展的分水嶺，它揭示了蒐集和理解數據的重要性，以及有大量可供操作的智慧嵌入在看似雜亂無章的數據中，關鍵是你必須找到適合的工具來查看並分析它。經過將近十年之後，世界再次發生了轉變。數據的成長風馳電掣，變得更詳細且無所不在。只要能善用這些數據，你就具有改變整個世界的醫療保健、商業、金融，和社會結構的無限潛力。

尚待開發的新知識形式
觀 察 指 標 ▶ 處理大量數據的分析工具

2003 年，加州大學柏克萊分校的研究人員得出結論，世界上所有可量化的數據總量，已達到五十億GB。一年

之後，全球又創造出另一個五十億GB的數據。直到2010年，這個總量每兩天就會更新一次。三年後，更新的頻率縮短到十分鐘。

數據科學家認為，全球的數據量在2020年會達到四十ZB，即四十加上二十一個零。這個數字太大了，或許你很難理解，但換個角度思考：想像一下當今世界上的所有沙粒，考慮到所有二十三個主要沙漠和所有沿海與內陸的海岸線，然後將總數乘以七十五——意思是，我們記錄的數據比以往還要多。

在1970年代的大型電腦時代，早期的電腦工作者以原始的方式執行工作流程。文件、財報、股票交易記錄、個人檔案和其他來源都是徒手蒐集，接著將之輸入大型關聯式資料庫，將結果數位化。整個過程相當漫長。網際網路改變了輸入法。在終端使用者提出問題的驅使下，網路開始自行創建數據。然後，開發商將機器連接到網路，創造更多數位資料。隨著容量激增，仰賴單一處理器的資料庫很快就不堪負荷。

2003年，工程師卡丁（Doug Cutting）和卡法雷拉（Mike Cafarella）合力創造大數據技術Hadoop，這是一批開源軟體實用程式，靈感來自於分散式檔案系統相關的

Google白皮書，這改變了一切。這個點子很簡單：Hadoop沒有將數據帶到中央處理器，而是使用網路電腦的分散式能力——數據分布於眾多處理器、連接的伺服器和叢集（Clusters），不僅耐用、可擴展，還能自動修補應用方面的硬體故障問題。

2004年，Google另外新創了一個軟體架構MapReduce，輔助開發商在多個伺服器輕鬆勘測數據，同時減少工作量——突然之間，出現大規模儲存和細分數位化資料的方法。2006年，亞馬遜推出AWS的服務，讓開發者能以合理的成本，實支實付地進行運算和儲存工作——新一代的數位資料企業家及其公司誕生了。

在過去，偉大的思想家在思考問題時，會把自身觀察結果記錄下來，並交由其他思想家審閱，藉此形成共識，並使之成為知識。

「大數據」的顛覆，使這一點發揮得淋漓盡致——感測器、網路和雲端運算使研究人員得以蒐集大量資訊。他們正在建構軟體工具，以檢視其中的模式、敘述和可執行的情報。這些在過去是料想不到的事，更別提要如何付諸行動，就像潛力尚待開發的新知識形式一般。

改變傳統商業型態的數據密碼

觀 察 指 標 ▶ 傑・沃克與 Booking Holdings

沃克（Jay Walker）是連環發明家，也是 TEDMED 基金會的共同創辦人。該基金會經營熱門的 TEDMED 年度會議，主題是健康與醫學發展。

沃克在 2016 年美國公共電視紀錄片《解讀大數據》（*The Human Face of Big Data*）的採訪中，將大數據比作 1650 年代的顯微鏡發明，只是它比顯微鏡更加巨大。正如同顯微鏡讓研究者看見沒有人相信存在的細胞和細菌，大數據加上分析軟體能讓下一代的創新者瞭解未知模式與未知關係的世界。

除了身為九百四十三項專利的頂尖發明家，沃克還在 1998 年創建旅遊電商 Priceline.com——這是一個匯集飯店客房庫存與機票的線上聚合器，將觀光服務業的隱藏定價關係轉化為價值 1,050 億美元的業績和驚人的股東財富。箇中原因就在於，飯店和航空公司每天都會有閒置產能——空房或空位無法營利。然而，宣傳過剩產能也不符合其營利目的，因為供需的規則會降低價格，並阻止熟客預約。Priceline.com 透過大數據分析，利用旅遊業者的過

剩產能，與宣傳觀光服務定價之間的隱密關係，找到獨一
無二的獲利機會。

操作建議

這檔現今俗稱為 **Booking Holdings**（股票代號：**BKNG**）的個
股，已連續十五年享有 42％複合平均回報率。自 2004 年以來，
這檔股票平均每兩年就會翻倍一次。

大數據與精準醫療趨勢
觀察指標 ▶ 馬克‧安德森

　　安德森（Marc Andreessen）是另一位對大數據翹足企
首的網際網路先驅。

　　安德森從研究所畢業不久，其協力創辦的網景通訊公
司（Netscape）上市時，他只有二十四歲。1999 年，該公
司的網頁瀏覽器業務以 42 億美元的價格賣給美國線上公
司（AOL）。從那個時候開始，他搖身一變成為功成名遂
的風險投資者。

　　2016 年，安德森向數位媒體集團 Vox Media 透露，他
相信數位化和大數據最終會幫助企業家解決醫療保健和
教育成本不斷攀升的問題，他指出零售業開創的先例——

數位化促使降價，為消費者提供更優質的服務；機器人學也為製造業付出相同的貢獻。安德森告訴Vox的記者提摩西・李（Timothy B. Lee）說：「認為科技可以融入醫療保健或教育領域，這是多麼大膽的想法啊……」

　　沒錯，僅僅顛覆醫療保健體系就能改變局勢。根據「美國聯邦醫療保險和補助服務中心」（CMS）的研究指出，2016年的醫療支出占美國GDP的17.9％，且年均成長率達4.3％，遠高於通貨膨脹和GDP的成長，這是決策者迫切希望遏止的一大問題。數位化和大數據分析有助於將堆積如山的醫療資訊轉化為有效的數位資料，而用圖形辨識軟體處理數據肯定更節省成本。

　　研究諮詢公司麥肯錫估計，電腦每年分析這些數據的價值，將達到4,500億美元。到頭來，與潛在的成本節約相比，這個數字也許看起來有四捨五入後的誤差。品質優良的數據分析有助於讓醫生更快速、更準確地提出診斷。實證醫學（EBM）[3]的應用能淘汰不必要的檢驗，也能輔助醫療保健機構交流醫療記錄，並提供更個人化的治療法。一刻千金，關鍵在於做得更快、更好。

3　利用科學方法獲取證據，以確認醫療成效的方式。

麥肯錫分析師在2013年的研究報告〈美國醫療保健的大數據革命：促進價值與創新〉指出，位於加州奧克蘭的綜合管理醫療聯盟「凱薩醫療機構」（Kaiser Permanente）使用HealthConnect健康管理軟體網路，藉以促進所有設備之間的資料交換和數位醫療記錄，這個做法已經節省了10億美元。更重要的是，凱薩變成綜合醫療保健供應商的典範。該機構投資60億美元到電子健康記錄（EHR）系統，其目標是藉由降低「再次住院」的速度來削減成本，避開醫療保健中最昂貴的項目。

　　在華盛頓州，這意味著讓病患使用自動語音信箱、電子郵件、線上提醒等健康管理功能，進而參與後續的篩查、實驗室測試、藥物治療和預約看診。疾病、複雜病例與過渡管理相關的團隊，都在維持降低成本方面發揮作用。所有團隊都瞭解狀況，並使用自動化的大數據圖形辨識系統協同運作。

小醫院靠大數據攫取上億營收
(觀)(察)(指)(標) ▶ 蓋辛格醫療集團

　　以下是**蓋辛格健康系統（Geisinger Health Systems）**

採用的做法。

　　乍看之下，賓州的丹維爾就像一般擁有五千人口的鄉村小鎮，坐落於蜿蜒的薩斯奎哈納河畔。那裡有甜甜圈專賣店 Dunkin' Donuts 和三座教堂：衛理公會三一堂、Shiloh United 和聖若瑟教堂，也有五金行和中式自助餐廳。另外，該鎮還有一間先進的醫療公司，它正嘗試用大數據重塑醫療保健體系。

　　蓋辛格醫療集團的遍及範圍遠遠超出風景如畫的故鄉。該公司為賓州東北部和新澤西州南部四十五個郡的三百萬居民提供服務，在十年內從兩家醫院擴增到十二家醫院，總計有三萬名員工和一千六百名全職醫生，這讓它成為下一個醫療保健時代的思想領袖。如今，蓋辛格的基因體學、精準醫療和大數據計畫被視為業界範本。

　　2015 年，蓋辛格實施統一資料架構（UDA），這是一個使用創新大數據探勘的尖端資訊科技平台。UDA 把「數位資料保存」這件事帶到一個極致領域。蓋辛格是美國最早採用 EHR 系統的組織之一。1996 年，EHR 是可取得的強大工具，但用在今日則完全不合時宜。隨著智慧型手機的普及，大家可憑挖掘一組新數據獲取可執行的情報──

從雜貨店的顧客忠誠度計畫[4]到智慧型手機應用程式，病患在任何與人互動的地方都會留下數位資料。在適當的許可權限下，蓋辛格的資訊科技工程師意識到：要成就那些偉大的醫療應用並非只是癡人說夢。

舉例來說，UDA能即時追蹤、分析和聯繫病患的基因組序列與正在進行中的治療，它能從病患的智慧型手錶和手機中取得數據，能分析像手寫筆記和自由文字圖像報告這類的非結構型資料，也能在不到一秒的時間掃描兩億份報告。UDA的影響力極大。研究人員認為醫療保健的效力及其成本結構將因此改頭換面。

2016年，厄斯金（Alistair Erskine）、卡魯納卡倫（Bipin Karunakaran）和斯洛特金（Jonathan Slotkin）在《哈佛商業評論》發表的文章中，解釋UDA如何讓早期敗血症的檢測和治療獲益匪淺。血液感染可能有致命的危險，而透過UDA蒐集所有病患的資訊，包括實驗室結果、服用藥物和生命跡象等，能提供整體的資訊畫面，幫助醫療供應者做出更明智的選擇，還能加快早期的檢測速度。

這套系統的智慧足以分析血壓測量等即時資料的影

4　意指透過提供優惠、紅利點數等方式來吸引顧客再次消費的行銷手段。

響，也能夠分析療程中間階段，例如進行中的血液培養結果數據和抗生素的影響。該篇文章的作者發現，使用UDA的供應商遵守正確醫療協定的可能性，比未使用者高出一倍以上。這些對病患來說都算是好消息。

此外，UDA還幫助醫院降低手術成本，將手術供應鏈整合起來。只要從消毒紗布、藥物和手術過程中使用的設備展開追蹤，就可以研擬預先確定可能成本的協定。與此同時，借鑒這個「精益生產」[5]的流程，也徹底改變汽車製造業——目標是減少浪費、削減庫存和提高生產力。

成效開始顯現。在2016會計年度，蓋辛格的收入達到1億2,900萬美元，營業額達到55億美元。作為一個由醫生帶領的非營利機構，蓋辛格依據「能為病患提供多少服務」來衡量營運情況，依這個標準來說，蓋辛格無疑是一個大贏家。它投入數百萬美元到自身服務的賓州與新澤西州社區，並提供5億8,000萬美元的社區福利，同時雇用四萬四千人，著手進行2億8,400萬美元的投資方案。

蓋辛格的規模並非大多數人對這個賓州小鎮的期望。然而，與強大雲端運算平台結合的大數據不受地理位置限

5　系統性的生產方法，目標是減少生產過程中的浪費，為終端消費者創造經濟價值。

制，其中的祕訣，就在於數據與資訊科技的專業人員如何建構、駕馭數據力量的系統。

工業物聯網的重點標的
 ▶ 通用電器

通用電器（General Electric，股票代號：GE）正處於一個醒目的轉型階段，它以緩慢而穩重的步伐，通往數位世界。

GE 在做的事相當於是在自我保護。基於它在金融、基礎設施和工業等業務的成長緩慢，因此在那些步履飛快的競爭對手戰勝自己之前，GE 欣然擁抱未來，要轉變成大數據分析公司。2011 年，GE 的執行長伊梅特（Jeffrey Immelt）聘請盧哈（Bill Ruh）經營新事業體——**奇異數位（GE Digital）**，要他融合物理和數位世界，透過大數據分析重塑所有的產業。

盧哈立即開始建構首個適用於工業的雲端型數據分析平台——Predix，以虛擬化的概念為基礎，GE 稱這種概念為「數位分身」（Digital Twins）[6]，也就是在物理世界中

---

6 在資訊化平台內模擬物理實體、流程或系統，以瞭解物理實體的狀態。

運行的實際機械的數位複製品。

這裡所謂的「機械」，可以是現實世界中的噴射發動機、鑽油平台、醫療診斷設備，甚至是整座發電廠，它們全都配備了感測器，可以持續將數據上傳到雲端的數位分身軟體模型中，在那裡，所有的數據皆受制於強大的圖形辨識工具和分析。

2017年六月，大數據顧問公司New Vantage Partners的執行長比恩（Randy Bean）和巴布森學院的教授達文波特（Thomas Davenport）在《富比士》雜誌撰文，簡明扼要地指出：「數位分身模型可以用來診斷機械故障，並預測保養的需要，最終減少或消除機械的意外停機時間。」

2015年，管理顧問公司埃森哲（Accenture）發表的〈工業網際網路洞見〉（Industrial Internet Insights）報告發現，多達90%受訪企業認為大數據分析可能是的當務之急，或至少是前三大重要任務，迫切需要加快步伐。

GE很早以前就開始投資工業物聯網技術。該公司在2011年宣布收購監督式學習[7]企業SmartSignal，並於2016年收購AI人工智能公司Wise.io，憑藉無監督學習[8]和建模

7　機器從訓練資料中學習或建立模式，並依此模式推測新的實例。
8　機器從沒有事先標記的訓練範例自動分類輸入的資料。

完成迴圈。這些收購使GE Digital的軟體模型能夠從訓練數據集和大型數據群集的隱藏模式學習。

　　GE自己就是第一個實驗對象。自2013年以來，Predix平台一直部署於該公司之中。2015年，GE表示因此節省了5億美元，盧哈預計到了2020年時，GE每年的結餘將達到10億美元。

　　作為一個獨立的事業體，GE Digital在2015年的銷售額達到60億美元，主要用於優化噴射發動機、風力發動機和鑽油設備的生產。直到2020年，隨著該平台提供更多服務項目和拓展地理位置，銷售額有望達到150億美元。2016年，該公司與中國最大的網路硬體製造商**華為（Huawei）**達成協議——倘若Predix平台想重塑工業領域，面對那些「工業巨獸」，就需要有「不入虎穴，焉得虎子」的精神。

　　該公司在初期進展得很順利。中國的工業城市天津萌發「智慧城市」野心，採用用Predix控制路燈柱；航空業和電信業也採用該軟體來降低成本。潛力巨大。雖然中國是世界上最重要的製造業中心，其工廠和企業卻墨守成規。2017年，GE內部的研究顯示，到了2020年時，該區的工業數據分析支出將達到1,660億美元。這對5,000億

美元的全球支出具有正面意義。

這個諾大的市場擁有巨大影響力。虛擬化意味著可以監視和診斷物理世界中各個物件的狀態，從而優化其性能。舉例來說：你可以知道噴射發動機何時會失靈，而技術人員可以在最短的停機時間內進行預防性保養──預測變得易如反掌。使用來自數位分身的失效數據，再加上歷史輸入，引擎設計師將有權創造出更可靠的設計。

簡而言之，大數據將走進製造業，大大提升生產力。

當大數據與智者相遇
觀 察 指 標 ▶ 大獎章基金

大數據、超級電腦和好日子，三者有什麼共同之處呢？如果你的答案是：**文藝復興科技公司（Renaissance Technologies）**所發行的對沖基金──大獎章（Medallion），那麼請給自己掌聲鼓勵。

2016年十一月，財經記者伯頓（Katherine Burton）在《彭博社》刊登的文章〈獨一無二的賺錢機器內幕〉（Inside a Money Making Machine Like No Other）中，講述這個神祕的紐約避險基金故事──自1988年以來，在

扣除相關費用後，它的年回報率已累計將近80%。

這檔基金由億萬富豪、數學家西蒙斯（James Simons）創立，在「大數據」一詞成為矽谷或公司董事會的時髦術語之前，這檔基金已在數據分析領域開闢了一條道路，它雇用與眾不同的英才、訂製功能強大的超級電腦，以及編寫創新的演算法。接著，在一片狼藉的數據海中尋找規律。

截至2017年年中，這檔量化對沖基金由前IBM的高層主管布朗（Peter Brown）和默瑟（Robert Mercer）經營，旗下三百名員工幾乎都是科學家，其中有90%是博士畢業，且每個人都持有這檔基金的股份。更正一下：這些員工現在是這檔基金唯一的投資者。

MIT史隆管理學院的金融學教授羅聞全（Andrew Lo）認為，該基金的優勢就在於它的員工陣容。「文藝復興科技是『曼哈頓計畫』的商業版本，」他向《彭博社》透露，「那些員工代表量化投資的巔峰，其他人望塵莫及。」

該基金的收益證實了這一點。根據報導，大獎章在二十八年的期限獲利550億美元。更驚人的是，它每六個月會分配一次利潤，進而定期縮減資本。由於大獎章做的是股票短期投資，布朗和默瑟希望手頭的資金不要超過

100億美元。

1993年，文藝復興科技不再接受新資金。許多優質對沖基金收取的費用相當於資本的3％和利潤的20％。而大獎章基金對傳統的外來投資者分別收取5％和44％的費用。此外，文藝復興科技不肯聘用在華爾街工作過的人。反之，大獎章聘請科學家從事圖形辨識的刺激工作。西蒙斯本人曾在美國國防分析研究所擔任優秀的密碼破譯員，該公司的第一批員工大多曾在IBM從事早期程式語言規畫的工作。

布朗是經驗老到的人，他向《彭博社》的記者解釋，在看似沒有規律的地方尋找規律很重要，他說：「大數據盡可能改變一切，讓科學家得以看見昔日像混沌一般的規律。以文藝復興科技為例，結果就是帶來多不勝數的財富。實際上，投資組合經理能在其他經理之中脫穎而出，正是因為他們能夠更清楚看見路徑，並據此進行投資。」

讓數據流動的路徑視覺化
(觀)(察)(指)(標) ▶ 高含金量的產業機遇

目前，大大小小的公司都在積極開發軟體，期盼能視

覺化、虛擬化,和理解由智慧型手機、互聯網、商業和工業感測器留下的數位足跡,這些互聯網絡將為未來的智能汽車和城市提供動力。這是前所未見的機遇。

整個地球潛進數據的深湖,其中大多是非結構化、未使用和被忽略的部分——醫院與工廠的老式硬體拋棄這些數位黃金的故事,與其說是特例,不如說是常態。在其他情況中,許多公司淹沒在接踵而至的數據之中。由於這些公司沒有能力處理數據,這些數據便以數位產出的形式直接越過企業排放掉。

繼本章一開始提到的資料分析專家波爾之後,將近十年的時間,只有5%零售忠誠卡的數據被開採出來。對精明又目標明確的公司來說,這是千載難逢的機會,且橫跨各個領域,以下我將介紹兩家把握住這波機遇的公司。

案例1:Splunk——巨量資料分析平台

長期以來,企業一直迷失在數據當中,看不到盡頭。巨量資料分析平台Splunk(股票代號:SPLK)是將數據視覺化的解救之道。

這家位於舊金山的公司在2003年成立,當時是由史旺(Erik Swan)、鮑姆(Michael Baum)和達斯(Rob

Das），這三個朋友想到的絕妙點子。儘管網路股的泡沫已破裂，但網際網路流量的成長卻一飛沖天，因此，各家公司爭先恐後地建造自己的虛擬家園。

除了明顯的頻寬瓶頸，專業IT人員還面臨一個新問題：來自網際網路的數據有超連結，是可搜式的，但伺服器端的數據則不然，在許多情況下，它沒有連結性。用篩選伺服器記錄檔的方式修復問題，既枯燥又昂貴。

達斯現在是Splunk的首席軟體架構師，他把這個過程比作摸索——猶如在黑暗的洞穴中探勘。這就是該公司的奇特名稱由來[9]。接下來的兩年，達斯率領一個小型開發團隊為伺服器搜尋開發出一流的工具，因此聲名大噪。

Splunk 1.0於2005年十二月發行，大家可以免費下載Splunk Server；Splunk Professional則是針對專業IT人員的軟體授權條款，500 MB的安裝費用為2,500美元，10GB的安裝費用為1萬美元。那是十三年前的事了。

現今，Splunk Enterprise Server是完整的雲端型平台，也是客戶可以匯集數據的中心，依然可供搜尋，但現在看來，搜尋只具功能性，它眾所矚目的焦點是「虛擬化」。

9　Splunk的命名取自於英文單字「spelunk」（洞穴探勘）。

在大數據時代，數據從多元管道蜂擁而入，客戶更感興趣的是看到數據集中的規律並能對其執行分析。Enterprise Server的介面充滿即時數據、儀表板、圖表和3D視覺化。

賦予資訊視覺形狀與尺度會令它更淺顯易懂，使數據可衡量與可量化，也幫助開發商快速查看可能忽略的連結和關係。Splunk的產品經理希望為專業IT人員提供所需的工具，用來解讀數據、深入研究和發現潛在的漏洞。

與過去相較，現今的資料安全是重中之重。2017年九月，消費者信用報告機構艾可飛（Equifax）披露，數據外洩讓一億四千五百萬名美國成年人的個資洩漏了。2016年九月，網路服務公司Yahoo宣稱，駭客已入侵自家十億多個私人帳戶。

Splunk與網路安全供應商建立密切的夥伴關係。Enterprise Server讓客戶從多個供應商那裡簡單安裝軟體。2016年，Splunk加強與**賽門鐵克（Symantec，股票代號：SYMC）、帕羅奧圖網路（Palo Alto Networks，股票代號：PANW）、ForeScout（股票代號：FSCT）和Proofpoint（股票代號：PFPT）**等網路安全專家的關係。該公司開始將軟體與具備適應性反應的神經網絡（Adaptive Response network）結合，這是Splunk主導的

新猷，旨在標準化網路安全的架構。

Splunk在2018年二月收購資安公司Phantom Cyber，這是一家專門針對安全威脅提供快速、自動化回應的新創企業。這項3億5,000萬美元的收購案，將融入適應性反應網絡，強化Enterprise Server作為大型前瞻企業的神經中樞。

國際數據資訊（IDC）預估，到了2020年時，網路安全軟體的支出將提升至1,016億美元，比2016年的737億美元成長38％，而這僅僅是針對網路安全而言。Enterprise Server是一個中繼站，這套軟體會用於視覺化數據，橫跨企業應用程式和資訊科技的操作。

2017年，美國家庭人壽保險公司（Aflac）、聯邦快遞（FedEx）、易安信（Dell EMC）、捷飛絡（Jiffy Lube）和連鎖餐廳「棒約翰」（Papa John's），皆與Splunk簽署新協議，使該公司的服務訂閱總數高達一萬三千多。由於該公司的營業額皆由授權、維修和服務協議組成，屬經常性收入，與傳統的一次性銷售模式相比，這是截然不同的商業模式，不但能提高公司營業額的能見度，也能將資金小心翼翼地投資在未來的軟體開發上，以保持領先地位。

2018年三月，Splunk被IDC Marketscape〈亞太區大

數據與分析平台廠商評估報告〉評選為「2017年度領導者」，這也是它連續第三年被評選為「網路世界亞洲大數據與商業分析」類別的冠軍。它無人能出其右的軟體引起顧客的共鳴。在2018會計年度，該公司的總營收為12億7,000萬美元，較去年同期成長34％，而它的總帳款則飆升38％，來到15億5,000萬美元。

Splunk之所以能勝出，是因為它的軟體提供可靠的一站式方案[10]，並非開放原始碼，而是持續專賣，就像辦公軟體Microsoft Office遊走於免費線上文字處理器與電子試算表軟體套件的世界。甚至連適應性反應網絡都比協作更耐用——對投資者來說，這是重要的區別，代表具高利潤和定價權的競爭優勢。隨著數據洪流增速，企業可能會更依賴Splunk提供的視覺化工具。

案例2：萬國數據——深耕中國數據市場的龍頭

萬國數據（GDS Holdings，股票代號：GDS）對大數據持有不同的見解，它不僅沒有生產視覺化軟體，甚至也不做複雜的分析去幫助開發商理解堆積如山的數據。

---

10 賣方將專案架設好並完成，在可立即使用的情況下賣給買家，是科技業常見的技術轉移方式。

其中的內情大多是關於數據蒐集，以及預期中國會出現不可思議的數據爆炸。GDS是快速成長的上海軟體開發商與數據基礎建設公司，由黃偉（William Wei Huang）於2006年創立，2016年在紐約證交所上市。該公司可能是投資人參與中國科技經濟蓬勃發展的最佳管道之一。

屬於中國的時代終於來了。二十年來，政經學者持續預測中國將蛻變為超級強國。現在看來無庸置疑。正當美國退場和歐洲分裂，中國悄悄介入局勢，準備東山再起。習近平是眾星拱月的中國共產黨領導人，正大舉投資固定資產，實施大規模、長期的經濟振興方案。全國各地都在規畫道路、橋樑、發電廠和數據中心。根據路透社的報導，中國針對基礎設施的投資較去年同期成長9.2%，甚至超越最樂觀的預測。

2005年，中國開始實施雄心勃勃的「天網計畫」，目標是在每個城市中心安裝全景式攝影機。直到2015年十月，《中國日報》報導該計畫已確實覆蓋到北京這座最大的城市。根據2017年六月的《華爾街日報》報導，中國全境的監控攝影機數量已達到一億七千萬台。臉部辨識軟體被廣泛採納，用於登入手機應用程式、進入辦公大樓的門禁，以及從銀行提款機領錢等應用。中國政府在蒐集這

些資訊並新增到大型資料庫中。

這些資訊將交由數據分析挖掘。強大的新人工智慧軟體工具能彌補光線不足、角度不佳，甚至是臉部老化帶來的影響。至於公共攝影機無法捕捉到的死角，則仰賴那些充斥在社群媒體之中，由政府資助的機器人加以辨識。這些數據都會蒐集起來並永久儲存在數據中心，就像GDS擁有的數據中心一樣。

美國拖拉機製造商**開拓重工（股票代號：CAT）**的執行長烏普勒比（Jim Umpleby），在2017年十月的分析師電話會議中指出，新數據中心的建設將引發對挖土機和重型機具設備的強烈需求。雖然這是沒有根據的說法，但他應該有考慮到中國更遠大的計畫。此外，中國政府還在打造下一代監控國家的基礎設施——GDS的職責就是建造、管理和提供雲端服務給這些數據中心。

2017年十一月，GDS公布第三季的服務營收較去年同期成長58.5％，達到7,783萬美元，較前一季成長27.6％。調整後的獲利較去年同期成長了71.4％。同時，它承諾新建數據中心的面積將增加41.3％，達到八萬兩千八百五十平方公尺。

截至2018年中期，GDS擁有四百九十六家數據中心

客戶，包括阿里巴巴集團、百度、騰訊、華為、阿里雲等。同年十月，GDS從數據中心營運商CyrusOne（股票代號：CONE）獲得1億美元的投資。這家總部位於德州的公司，擁有九百名顧客，這些公司將同心協力在世界各地提供服務，擁有全球影響力並習得當地市場的專業技術。

這種夥伴關係恰逢其時。中國有十三億人口，對雲端型服務的需求相當旺盛。隨著中國本土企業採用在西方更常見的數據需求分析和物聯網策略，這一趨勢肯定會長驅直入。CyrusOne的交易將為尋求進入市場的外國公司，帶來新需求。

資訊科技調查機構Technavio預測，未來四年，中國數據中心的複合年均成長率將達到13％。大批新專案將集中在那些已在上海和北京市場站穩腳跟的少數幾家公司——聽起來很像GDS。此外，中國還在全國擴張監控計畫，最後會蒐集每名中國男性、女性和孩童臉部辨識數據。這個抱負不凡的技術挑戰，需要大規模投資全新的高密度數據中心。

操作建議

GDS 之所以能夠勝出的關鍵在於：它是少數幾家受命在中國建設與管理數據中心的公司之一，這確保了它的長期獲利和豐厚利潤。這也是大數據帶來巨大機會和巨額利潤的又一例證。

5/

預測分析：
漫無目的之終結者

快速掃描

　　人很容易先入為主。制約作用（Conditioning）使我們相信最重要的突破會在實驗室發生，我們會想像科學家小心翼翼地將液體倒入燒杯和試管。但如今，健康科學最有趣的發展部分來自於預測分析軟體模型。研究人員正在利用這些工具，以發現過去沒有人相信存在的化合物關係，以深遠的新方式改變醫學。根據發明家卡門（Dean Kamen）的觀點，他預測「再生人體器官」是有辦法做到的事。實驗室正努力結出碩果。雖然這一切有點超現實，卻是將排山倒海的數據與預測分析軟體相互配對，然後在超級電腦上運行程式碼的產物。

　　持股建議：發揮預測分析作用的最佳方式，是與那些在網際網路時代開創該領域的公司合作。自1990年代初期以來，**PTC軟體公司（股票代號：PTC）**的工程師持續披星戴月，銷售團隊透過預測分析模型重塑企業客戶關係管理；**Netflix（股票代號：NFLX）**也因為深入瞭解如何設計客戶喜歡的數位內容而成為跨足國際的網路公司。儘管這些偉大企業的規模已相當龐大，但仍具有莫大的長期成長潛力。

在工業時代，企業家大多憑直覺行事。他們設想顛覆性的新點子、投入資金、創造、用商標粉飾，接著公開發行，看看是否能引起潮流，過程中會產生一些引人注目的產品，以及諸多人們用不著的物品。而如今，實支實付的超級運算能力、感測器、大數據和強大的新軟體工具——統稱為「預測分析」——正顯著改善產品開發。

在這個章節中，我會說明預測分析如何幫助研究人員解決健康科學的棘手問題。我也會說明公司如何使用預測分析，縮短新產品與新服務的開發時間，並在過程中創造新型商業模式。我會探究三家網際網路時代的公司如何融合數據和軟體，在這個不斷繁榮發展的領域打造革命性的預測業務。

機器人學能幫助企業做什麼？

觀 察 指 標 ▶ 英特爾與美國銀行

乍看之下，預測分析並非盤根錯節——軟體協助工程師更快、更精準的預測未來。其構想是將數據探勘、統計建模和機器學習應用於歷史與當前的大型數據集中。

你們可以把機器學習看作是一組電腦系統，透過不斷

處理數據而自動受教，它是一種大規模且快速的試錯模擬。如果做對了，就表示在專案開發、管理與資源規畫中成功或失誤的有效結束——這徹底改變發現與優化產品的方式。

在2016至2017年的IT年度績效報告中，**英特爾（股票代號：INTC）**認為預測分析每年為推銷、供應鏈、工廠和製造過程省下6億5,300萬美元。該公司能因此將新產品上市的時間縮短三十九周。這樣的成功並不會被忽視，數據驅動的決策盛行於企業董事會。

美國銀行（股票代號：BAC）使用預測分析技術，建構最先進的聊天機器人艾瑞卡（Erica）。該軟體配備人工智慧和認知通訊，安裝在用戶智慧型手機上的應用程式中。她知道你們的所有私人財務細節，也不斷自我學習；你們可以用文字或語音聊天，把她當作人類助理。艾瑞卡可能會建議你進行轉帳來避開跳票，或是推薦你一些未雨綢繆的儲蓄方法，甚至能幫助你改善信用評分。

美國銀行希望機器人能成為提高顧客忠誠度與全系統生產力的辦法，艾瑞卡就是一個「活生生」的例子，她十分機靈。然而，預測分析使用案例的重要性遠遠超過機器人與精簡成本。我們可從大型數據集中發現規律模式，並

從中取得可執行的見解，這種突如其來的能力正在扭轉局勢。現在，各個領域的研究人員都在使用這些預測工具，就像發現新大陸一般。

從 IBM 看預測分析的產業潛力
觀 察 指 標 ▶ 掌握預測分析技術的公司

IBM 公司（股票代號：IBM）的執行長羅梅蒂（Ginni Rometty）認為，某些不接受認知運算（融合大數據、人工智慧與預測分析技術）的公司將面臨瓦解——這是一個強而有力的訊息。進入門檻比以往任何時候都要低，那些擁有新思維方式的新創企業已經改變了形勢。

IBM 是絕佳的借鏡。這家過去曾經風光一時的企業運算先驅已成了明日黃花，它受到亞馬遜、Alphabet、Salesforce.com，以及眾多機敏對手的衝擊，因為這些對手老早就看到雲端的潛力。

只不過，羅梅蒂的觀點很有道理。數據，尤其是預測分析，已從根本改變企業經營和做決策的方式。2013 年三月，羅梅蒂在美國外交關係委員會（CFR）上對與會的企業表示：「還有更多決策會考慮到預測因素，而不是僅

憑直覺。」接著她強調所有的企業，無論他們喜歡與否，都需要轉型為數據驅動才有競爭力。一旦企業選擇忽視數據分析，將無法在這個時代生存。

到目前為止，各家企業似乎都已注意到她的警告。研究顧問公司IDC預測，投入大數據和預測分析的支出將從2018年的1,300億美元，成長到2020年的2,030億美元，其中大部分會集中在軟體上，因為報告與分析工具佔據鎂光燈的焦點。然而，與人工智慧的結合，意味著傳統硬體公司也會有成長空間。

2016年九月，全球頂尖大數據峰會「Strata＋Hadoop」在紐約舉辦，英特爾的大數據解決方案首席數據科學家霍爾（Martin Hall）在會議上簡潔扼要說明這一觀點：「我們現在擁有數據、分析技術和運算能力，能夠提供的不只是洞見──我們還可以啟用智能。」

雖然IBM已有一些預測分析的成功案例，但我不推薦投資人去買進IBM的股票，因為IBM的轉變太少，也太遲了。相對的，立基於美國的跨國電信龍頭**T-Mobile（股票代號：TMUS）**，它利用數據分析提供即時、可執行的見解，讓網路翻然改進；而位於德州奧斯汀的**塞頓醫療（Seton Healthcare）**，透過分析大量非結構型數據，比

如醫生的記錄、出院摘要和心臟超音波檢查報告，能夠減少因鬱血性心臟衰竭再次住院的病患數量。

串流、即時數據的分析正在上演。大型企業趨之若鶩，比往昔更樂意求助於軟體專家。在這些公司當中，有許多已經學會如何使用所有新時代的工具。投資人應當明白：預測分析的成長故事尚在早期階段——那些掌握預測分析技術的公司將成為大贏家。

需要新肝嗎？請抽號碼牌
(觀)(察)(指)(標) ▶ 迪恩・卡門

十年之內，需要移植新肝、心臟或腎臟的人，幾乎都能依需求更換——這些全新的器官會從本身的細胞再生，這是特立獨行的專家卡門（Dean Kamen）所提出的觀點。卡門是醫療設備的連環發明家，有四百四十項專利都要歸功於他，包括可以上下樓梯的電子輪椅、機械假臂，以及第一個可攜式胰島素輸送系統。

卡門認為，「再生醫學」將會是下一件大事。他說，醫學研究已幾近能製造相對便宜、經特殊設計的人體器官。由於這些器官來自於病患自己的細胞，因此他們的身

體不太可能產生排斥反應，就如同科幻小說允諾的新興技術。

電影《星艦迷航記》（*Star Trek*）的醫生麥考伊使用幾個小巧的裝置指著寇克鑑長，所有的傷就神奇地消失了。如今，運算能力、預測分析和生物技術的快速發展都在幫助研究人員實現企業號星艦中的魔法。這項科學技術首先從血液或皮膚提取普通細胞，這些細胞接著會轉化為「誘導性多能幹細胞」（iPSC）[1]，隨後再轉化為再生組織所需的特定細胞。

2016年，總部位於波士頓的再生醫學新創公司 **BlueRock Therapeutics**，從百年藥廠拜耳集團（Bayer）和創投公司 Versant Ventures 那裡籌集到 2 億 2,500 萬美元，他們致力於最容易製造的同種異體細胞，而且不必取自於病患。BlueRock 希望藉由培育幹細胞使組織再生，這些幹細胞必須要能轉化為細胞，否則無法再生。

打個比方，心臟病患者通常會失去數億個細胞，這些失去的細胞由身上堅硬的結痂組織取代。在某些情況下，缺乏彈性會使心臟喪失功能。唯一的補救辦法就是進行器

1　由哺乳動物成體細胞形成，與胚胎幹細胞擁有相似的再生能力。

官移植。BlueRock的策略是將設計過的心肌細胞注入心臟。理論上，這些細胞應該能再生出全新的健康心臟組織。該計畫是針對腦細胞進行同樣的處理方式，以幫助帕金森氏症患者。這與癌症研究中，發現成功的細胞療法電流波並無太大的區別。「嵌合抗原受體T細胞療法」（CAR T-Cell）[2]使用重新設計的細胞治療血癌，製藥及生物技術公司**諾華（Novartis，股票代號：NVS）**在臨床試驗中證實，這種療法為82％的病患消除侵略性血癌（晚期淋巴性白血病）。

在許多方面，卡門的計畫有更深遠的影響。《科技新時代》（*Popular Science*）雜誌將卡門譽為「現代愛迪生」，他從風險資本家和聯邦政府那裡籌集3億美元，想改變醫學領域的可能性。卡門在曼徹斯特的新罕布夏州帶領「高級再生製造所」（ARMI），希望招募兩家大型製藥公司，以及一家由學術界、大學和小型公司組成的家庭工業，共同開發尖端技術。

卡門先前曾表示，有些研究人員簡直可以大量生產人類血液。除了排除捐血的需要，生產人類血液也是該計畫

2　從病患體內採集T細胞，加上能夠辨識腫瘤細胞的嵌合抗原受體（CAR），再輸回體內攻擊腫瘤細胞。

關鍵的構成要素。卡門的願景是合作小組利用科學重建皮膚、視網膜，最後是內部器官，譬如肝臟，心臟和腎臟。正是這種遠見促使國防部投資8,000萬美元給ARMI。

關鍵在於，如果不是預測分析的幫助，這一切都不可能實現。卡門和他的團隊正在使用軟體建模和龐大的數據集預測醫療結果——這也是投資者需要提前看到的結果，因為這種革命性的醫療大變革即將到來。

遺傳學大師的瘋狂實驗
觀察指標 ▶ 喬治‧丘奇

著名的哈佛遺傳學家丘奇（George Church）離合成人類DNA更近一步了。

醫療新聞網站Stat News透露，丘奇在2017年中期會見一百三十名科學家、律師和政府官員，討論如何進行合成DNA的開發。先不談道德問題，請你們好好思考一下：丘奇不只是要編輯人類生命的構成要素，他還想在實驗室中重塑這些構成要素。而這個構想遠比大多數外行人想到的更切實可行，影響也更深遠。

丘奇對爭議向來不陌生。他在2012年出版的《再生：

合成生物學將如何改造自然界與人類》（*Regenesis: How Synthetic Biology Will Reinvent Nature and Ourselves*）一書中寫道，擁有實驗室製造基因組的人類，會如何對所有病毒免疫。丘奇表示，這個過程可以透過簡單移除病毒複製所需的基因物質來完成。他甚至還想讓毛茸茸的長毛象復活；並改變豬的基因，這樣就能將牠們的器官移植到人類身上。

理論上，科學家發現保存完好的DNA物質，就有機會可以讓史前巨獸復活。丘奇認為，能利用自己協助開發的基因編輯工具CRISPR-Cas9解決豬／人器官移植的難題。讓人著迷又具顛覆性的是，合成人類DNA甚至讓基因編輯變得毫無用處——別管如何剪輯基因了，科學家只需要從頭建構所需的基因組就好。

為了達到目標，他們在研究時不得不以前面介紹過、賽雷拉公司創辦人凡特的開創性工作為基礎——2010年，那位遺傳學家領導的團隊創造出第一個合成細菌細胞。相較之下，丘奇的計畫可說是百年大計，且錯綜複雜。

編寫DNA是枯燥又燒錢的工作，需要精確操縱微量化學物質和DNA分子。這些化學物質是以「糖」為基礎的構成要素，標明為A、T、C和G，必須以正確數量和

正確次序添加數百次，才能改變DNA結構。話雖如此，潛在的回報不容小覷，除了能讓科學家更理解遺傳密碼，也能讓他們深入瞭解基因關係的複雜性。這就是天賜良機的開端——各種與免疫力相關、訂製嬰兒和逆轉衰老過程，無疑是明擺著的需求。說句玩笑話，我建議你們開始放空那些醫院與殯葬服務類股。

最初解讀人類基因組的專案耗時十三年，花費美國納稅人30億美元。丘奇認為編寫人類基因組可能要花費10億美元，只需要十年的時間。這樣的估計顯得過於悲觀。

來勢洶洶的公共雲端網路日益壯大，不過，預測分析軟體是箇中關鍵。投資人需要明白，所有複雜的數學和模型建構都是在訂製軟體內進行，這樣的規範是為了尋找看似不存在的規律，處於不斷精雕細刻的狀態——基因編輯是科學家手邊的強大新工具，但「軟體」才是促進新發現的驅動力（更多基因編輯應用，請見本書第十一章）。

Netflix知道你們的下一步

觀察指標 ▶ 當大數據遇到人工智慧

1997年，位於加州斯科茨谷的一間小公司提出另類

的商業模式，這個妙想是利用數據改變大家消費媒體的方式。這家公司就是Netflix（股票代號：NFLX）。

　　該公司的創辦人哈斯廷斯和蘭多夫以簡陋的DVD郵購租賃網站起家，事業飛黃騰達。然而，成長帶來的困境是：大家都想看新片，這會濫用資源。他們的解決方案就是參照會員興趣的演算法，而不追求熱門的片名。直到2006年，新片占Netflix的租金收入不到30％。

　　這就是新時代的力量。數據分析和預測建模使企業家能夠更準確地建構新型商業模式，隨著競爭對手陷入困境，他們卻巧妙避開了傳統的瓶頸。國際科技行銷公司Amobee的首席品牌分析師柯恩指出，Netflix的成功祕訣主要在於比不夠精明的競爭對手更善於「使用數據分析技術瞭解觀眾」。該公司的商業模式從郵購租賃轉型為數位串流媒體，並充分利用這個優勢。

　　當我蜷縮在沙發上瀏覽Netflix的推薦片單時，可能早就將所謂的「生態系統」拋到九霄雲外了，但Netflix知道我在閱讀什麼樣的影音摘要、花了多長時間瀏覽片名、最後選擇觀看什麼影片，以及觀看了多久；利用所有的網路數據來維持我的參與感，提升我的使用體驗。

　　Netflix還使用數據來預測、開發、發送許可證和銷售

新的內容。這就是該公司的內容總監薩蘭多斯最佳的進場時機，他知道網路數據很可貴，因為能讓Netflix在有限的資源內建立商業模式，為每一個訂閱戶提供個人化體驗——Netflix不必像其他依賴廣告的電商那樣需要賣座強片，這就產生了很大的迴旋餘地。

即使為了二十六集的《紙牌屋》花費1億美元，Netflix也早就看清形勢對自己有利。《紙牌屋》這部政治劇可以賣給原版英劇的粉絲，也可以賣給電視網內建的粉絲群，比如支持導演大衛・芬奇和演員凱文・史貝西（在他被指控性侵而遭除名前）的粉絲——Netflix在觀眾瞭解自己的觀劇喜好之前就知道他們想要什麼了。

薩蘭多斯透過這種非常規的計算法，建構出極為成功的數位內容組合。2017年三月，他延長綜藝節目《週六夜現場》（*Saturday Night Live*）班底亞當・山德勒（Adam Sandler）的四部片約，因為數據顯示觀眾很喜歡看山德勒的電影，即使影評家給予他低劣的評價。

從2013年《紙牌屋》最初的內容交易到2018年四月，Netflix的訂閱戶數量成長約莫三倍；正因如此，截至2017年，它的總營收從43億7,000萬美元增至116億9,000萬美元。現今，Netflix的演算法建議和個人化推薦片單

受到廣泛模仿；到了2017年，這個做法已成為數位媒體發布內容的標準流程。

對投資人來說，這是激勵人心的時刻。機會無窮。製造商不受舊有商業模式的限制，數據分析讓他們大膽作夢。「我們可以看到，有線電視頻道AMC最終有辦法製作特有的隨機應變串流。」2016年六月，哈斯廷斯在接受《紐約時報》採訪時表示：「我們知道作為重播影片公司是沒有長期業務的，就像我們知道DVD租賃公司無法走得長遠一樣。」預測分析的力量是非常真實的。

操作建議

Netflix 股票的表現不同凡響。自2007年初以來，股東觀察到它平均每年上漲50％。這樣的成功無可爭辯。儘管該公司的管理績效相當出色，但股價卻經常會出現短線上的波動，那些放空者的判斷有很高的機率出錯了，因此在每次重要的拉回時刻都很適合買進它。

案例1：Salesforce.com——摸清顧客底細就靠它

客戶關係管理軟體巨頭**賽富時**（Salesforce.com，股票代號：CRM）成立於1999年網路泡沫的動盪時期，它至今仍舊保留當時的特色：它以網域名稱.com來命名。

就像當時大多數的年輕公司，創辦人決心徹底改變大企業與顧客互動的方式——他們認為客戶關係管理（CRM）[3]可以更系統化、更可預測。

基本前提並沒有改變，賽富時仍在努力改善企業與顧客之間的關係。如果該公司的共同創辦人貝尼奧夫（Marc Benioff）能如願，人工智慧和預測分析軟體將會快速滲透到企業界的方方面面，讓員工變得更快、更精明和更有成效。

雖然這看起來有些樂觀，但貝尼奧夫過去在企業生產力軟體方面的成績斐然。賽富時的客戶關係管理軟體已經對企業與現有客戶、潛在客戶的互動方式產生巨大影響。他現在希望做的事，就是把目前的情況提升到下一個層次。這似乎行之有效。該公司2018會計年度的營業額為104億8,000萬美元，較去年同期成長25％，淨利為1億2,748萬美元。

近期，貝尼奧夫持續大舉投資，他收購規模較小的公司，並聘請人才來建立名為「愛因斯坦」（Einstein）的人工智慧平台。這是很了不起的事。「愛因斯坦」不但能像

3　意指企業與現有顧客、潛在顧客之間的關係互動管理系統，能分析顧客的歷史資料，進而減少顧客的流失率。

傳統CRM軟體套件那樣操作與管理資訊，也能從數據中學習，最後甚至能在顧客瞭解自己的需求之前就知道他們想要什麼了——這將轉變客戶關係管理產業的遊戲規則。

建造「愛因斯坦」並不容易，也不便宜。賽富時從2014年開始收購多產與機器學習的新創企業RelatelQ、MetaMind和Tempo AI；並於2016年以28億美元收購電子商務開發商Demandware，以7億5,000萬美元收購Quip，以1億1,000萬美元收購Beyondcore，以及三家非常小的公司——Implisit Insights、Coolan和PredictionIO——共花了5,800萬美元，另外還收購德國數位諮詢公司Your SL，目的是要完善德國軟體單元。如果你們覺得這看起來很多，並不是錯覺，該公司還額外花費了40億美元在其他投資項目上，但更重要的是，它的員工人數顯著增加了。

2016年九月的季度電話會議期間，貝尼奧夫為前述的購併解釋道：「我們已經能夠將所有的一切整合到一個不可思議的人工智慧平台，並專注在AI與AI之間的重要環節，作為這個產業的下一波浪潮，促使超過一百七十五名數據科學家組成機器學習團隊，共同構建令世人驚奇的愛因斯坦平台。」整合後的平台是該公司成長的關鍵。賽

富時目前的銷售額達到100億美元，並朝著更遠大的目標邁進。哈里斯（Parker Harris）是該公司的首席技術長和共同創辦人，他的策略是在2034年之前，將銷售額提高到600億美元。基於他以往的表現，投資者應考慮參與該公司的成長。

「愛因斯坦」不但能像傳統CRM軟體套件那樣操作與管理資訊，也能從數據中學習，最後甚至能在顧客瞭解自己的需求之前就知道他們想要什麼，這將轉變客戶關係管理產業的遊戲規則。賽富時希望在2018年期間為開發商提供新的「愛因斯坦」授權產品——Sales Cloud、Services Cloud、Marketing Cloud和Analytics Cloud。開發商能夠使用自己的程式碼或愛因斯坦的擴增部分，在雲端之上建構應用程式。

知名市場調查機構Grand View Research估計，到了2025年，客戶關係管理市場會達到819億美元。這是從2015年2,630萬美元的基礎開始，其中隱含的成長率為12%。賽富時主導客戶關係管理的市場，若按營業額計算的話，它是該產業最大型的公司，市占率最大，成長速度是Grand View Research報告中隱含成長率的兩倍。

案例2:參數科技(PTC)──專注在未來的連結

　　預測分析軟體工具生產商**PTC(股票代號:PTC)**自
2009年以來表現不俗,並在2016、2017和2018年屢創新
高。不過,這不值一提。直到2018年初,這家位在麻州
的公司,市值僅為85億美元,但在求才、**職務競標**方面
卻始終擊敗**甲骨文(Oracle)**和**西門子(Siemens)**等巨
頭,箇中的祕訣就在於它的遠見、計畫和執行力。

　　早在很久之前,PTC就把未來賭在萬事萬物都會連結
網路的前景。今天,我們稱這個概念為「物聯網」(IoT)。
過去,大約是在1998年,PTC的軟體工程師開始為「產
品生命週期管理」[4]建構網路型工具,其理念是產品設計應
考慮初始階段、工程設計、製造、服務以及最終的處置方
式。當時,這算是另類的構想。

4　意指從產品問世到退出市場過程的一整套應用方案。

直到1999年，PTC已擁有兩萬五千名客戶，涵蓋的大廠涉及航太、汽車、工業設備、消費品、高科技和零售領域。現今，與其說網路軟體套件是特例，不如說是常態。PTC有三項核心業務：物聯網、電腦輔助設計（CAD）和產品生命週期管理（PLM）。其中，最後一項業務至為關鍵。PTC開發的預測工具，在企業謹慎操縱產品開發的每個階段大有裨益——從繁多的歷史數據中挑出具有規律、洞察力的資訊，就能幫助企業做出更明智的選擇。

　　2017年，PTC聲稱與BMW建立重要的合作關係。這家德國豪華汽車製造商計畫利用兩個PTC平台提高效率。其PLM軟體套件Windchill著重實際執行，不捕風捉影；而綜合工業物聯網工具ThingWorx應能輔助BMW控制數據，讓產品進入市場的速度更快且價格更便宜——更快、更便宜，再加上減少失誤，便能所向披靡。

　　2017年一月，PTC出人意料贏得美國空軍的重大合約。五角大廈在尋找能使美國空軍供應鏈現代化的途徑。該協議涵蓋五千架軍機、六十五萬件特殊物料和一千五百個據點。PTC的維修零件管理軟體已經在美國海軍、海岸巡防隊、**波音（Boeing，股票代號：BA）和洛克希德馬丁（Lockheed Martin，股票代號：LMT）**通行。五角

大廈表示，海岸巡防隊的值勤水準因此提高91％，相關的營運費用也減少了。

　　2014年十一月，PTC的執行長荷柏爾曼（James Heppelmann）為《哈佛商業評論》撰稿時解釋道，連結萬事萬物的物聯網奮勇當先，最終目標是讓機器變得更有智慧，徹底轉變產業的戰場。這樣宏觀的想法，有機會帶來可觀的回報。研究諮詢公司麥肯錫預計，到了2025年時，物聯網光是對製造業產生的影響就有3兆7,000億美元。

　　當然，還有其他的應用要列入考慮。2017年二月，PTC宣布與國際諮詢公司德勤（Deloitte）建立新的合夥關係，將共同推廣ThingWorx軟體。這項專案與荷柏爾曼在2014年《哈佛商業評論》的看法相隔不遠——ThingWorx軟體是完整的平台，讓開發商得以建構利用感測器、實用工具和數據分析即時互動的應用程式。舉例來說，ThingWorx Analytics可以藉由模擬和預測分析來檢測即時數據的異常狀況與模式。

　　跨國電信公司**沃達豐（Vodafone，股票代號：VOD）**正在試驗建構智慧城市，工程師使用ThingWorx和自家的5G網路（下一代無線通訊標準，速度可能比4G快上一百倍），用於加強公共運輸、減少交通擁塞，以及保障公民

安全。公車、火車和計程車都只是網路上的節點。由於這項專案是可擴展的，同樣的解決方案在未來會用於智慧照明、停車與環境監控上。

操作建議

「整合」是 **PTC** 與競爭對手相對的關鍵競爭優勢，該公司擁有面面俱到、大受好評的軟體產品，它的股票會反映出這種潛力，自 2007 年以來，這檔個股每年的平均回報率為 17%。多年來，我一直推薦 PTC，因為我認為 PTC 的管理者有遠見，且有決心讓公司成為預測分析領域的主力。考慮到市場的潛在規模，即使是 90 億美元的估值，這檔股票看起來還是很便宜。

6/

人工智慧：
機器如人類般學習

快速掃描

　　人工智慧的商業應用無窮無盡。開放的人工智慧平台和雲端運算，將為每個有想法的人帶來大宗模擬程序，和幾近無限的超級電腦處理能力。企業家能藉此打造新的產品、服務和商業模式，然後在模擬中無止盡地測試，直到做對為止。

　　持股建議：輝達（NVIDIA，股票代號：NVDA）和Alphabet（股票代號：GOOG）是世界上位居先鋒的兩家人工智慧公司，他們很早就投入並押寶人工智慧會成為我們這一代人最重要的技術進步，而且他們贏了。在這個過程中，他們的技術已奠定其他公司望塵莫及的基礎。

對許多人而言，人工智慧很可怕。我們習慣忽略電腦學習像人類一般思考的所有驚人可能性，因為我們深刻體會到人類會做出很多自毀的事情。大批沒有靈魂的電腦大張旗鼓地學習我們所有的惡習，這樣的前景簡直是世界末日。

　　但事實並非如此。當然還是會有軍事與監控的應用，世界仍是一個危險的地方，我們相信那些負責保衛人民安全的單位，會利用所有的技術進步來加強對危險分子的戰爭。然而，也有許多公司都在利用人工智慧，製造自動駕駛汽車，設計更安全的基礎設施，並找到治療疾病的方法。解決這些重大問題就能拯救無數人的性命。

　　人類的大腦是了不起的中央處理器。即使是毫無生活經驗的嬰兒，也能快速有效地學習。相較之下，從歷史角度來看，電腦只能透過「蠻力」¹和不斷重覆來學習，當然，它的確可以透過程式設計來做出驚人之舉，但若要真正學習與適應，電腦仍需要龐大且驚人的原始處理能力。

　　隨著電腦運算處理能力的成本大幅下降，科學家終於發現如何編寫與執行人工智慧的程序，這些程序會教導電

1　將密碼逐一推算的分析方法。

腦學習如何使用類人邏輯來解決問題，創造令人印象深刻的成功事蹟。

在這個章節中，我會探討電腦一開始學習「像人類一樣思考」的可能性，我也會說明運算能力本身如何發展，以及如何與人工智慧相結合。我的意思是，單就社會而言，許多重大問題的解決方案皆觸手可及——反之，為什麼人工智慧可能會產生一系列的新問題。接著，我會針對兩家在重要新領域確立領先地位的公司，分析他們的投資案例。

人工智慧：發軔之始

觀察指標 ▶ 機器學習即將開啟歷史新頁

幾十年來，人工智慧一直淪為學術界的白日夢。電腦可以「像人類一樣學習」的想法猶如天馬行空般，電腦也缺乏原始處理能力與足夠的數據集來檢驗理論的有效性。

雲端、感測器和大數據使人工智慧從科幻領域復甦，現在更變得無處不在。人工智慧本身其實不算一件大事，而是一門範疇廣泛的電腦科學學科，重點是輔助電腦獨立學習。由於電腦可以快速處理車載斗量的數據，因此非常

擅長執行某些任務，譬如圖形辨識。這種人工智慧模式通常稱作「機器學習」。

　　人類能夠一次處理許多不同的事情。我們能開車，因為我們能同時透過眼睛和耳朵取得與處理資訊，同步理解資訊的含義，以及理解資訊如何隨時間變化——分辨雨滴或蟲子、石頭和鳥的明顯差異，我們的眼睛能毫不費力適應山路上的燦爛陽光突然轉變為隧道中的一片黑暗。

　　在人工智慧大舉改善周遭環境之前，電腦只有在明確使用一組特定二進制或「是／不是」的指令編程時才能執行複合任務。此外，人工智慧可以透過神經網路平行處理多元資訊來源模擬人類邏輯；神經網路是受人類生物學啟發的特殊演算法，能模仿我們大腦和中樞神經系統處理資訊與學習的方式。

　　人工智慧遠非完美無缺，但科學明顯與時俱進。強大的電腦幫助人工智慧神經網路運作無數次模擬，擺脫人類的缺陷，脫離線性思維的束縛。

　　Google 開發出一套人工智慧神經網路來翻譯語言，曾有案例是這些網路學會互譯波蘭語和韓語。經過多次試錯後，這些網路根據共有的配對開發專屬語言。然後，網路獨自解決棘手的翻譯問題，速度與準確度遞增。起初，

工程師困惑不解，他們無法確定網路是如何完成這一壯舉的。後來，他們得出的結論是，人工智慧自行設計出一種嶄新的語言，或稱為「國際語」（interlingua），目的是理解「語言對」（language pair）[2]。只要取得密碼，其餘都是小菜一碟。

現在，世界各地公司的工程師團隊都在深入研究這塊領域的方方面面：電腦視覺、機器學習、圖像辨識或是深度學習（deep learning）[3]、語音辨識 AI 等技術皆一瞬千里。對投資人而言，機會無窮。軟體工程師即將解決科學領域的重大問題，當然，也有可能創造新的問題。

殺戮機器人：戰爭中的人工智慧
觀察指標 ▶ 諾斯洛普格拉曼、雷神、洛克希德馬丁

想像一下：成群的小型無人機。然後，再想像一下無人機配備致命武器與人工智慧：小型、會飛行的殺手。這看似是糟糕的科幻小說情節。其實不然。

大型歐洲國防承包商**泰雷茲集團（Thales）**英國子公

---

2 「源語言」和對應目標語言的合稱。
3 以人工神經網路為架構，對資料進行表徵學習的演算法。

司的高層主管威爾比（Alvin Wilby）透露，事實上已經有這項技術了。2017年十一月，威爾比告訴英國政府小組——上議院人工智慧委員會，恐怖分子釋放「大批」小型、致命的智慧無人機是遲早會發生的事。

其他應當知情的人也很擔心。雪菲爾大學的人工智慧與機器人學榮譽退休教授沙基（Noel Sharkey）告訴上議院人工智慧委員會，他擔心未經測試的臨時代用技術最終會落入ISIS等恐怖分子手中。

2017年十一月，在葡萄牙舉行的網路會議上，已故著名理論物理學家霍金（Stephen Hawking）甚為悲觀。他警告：全面人工智慧的發展可能意味著人類文明的終結。**特斯拉（Tesla，股票代號：TSLA）**和太空探索技術公司**SpaceX**幕後的技術夢想家馬斯克（Elon Musk）的評語更簡潔，他宣稱人工智慧是「我們最大的生存威脅」。

擔待不起這些疑慮是正常的事。不過，我們生活在資訊科技不斷推陳出新的時代。**亞馬遜、英特爾**和**高通**已經展示能自動導航與瞄準的無人機了。沙基表示，若要將技術擴展到觸目皆及的地步，並不需要「創新的步驟」。

2017年十月，美國空軍演示一批無人駕駛飛機如何用於監控任務。三架F-18超級大黃蜂戰機發射一百零三

架翼展僅十二英寸的無人機——名為Perdix的微型無人機設備共用單一軟體大腦，其編程目的只有一個：避開雷達裝置。測試過程中，無人機呈現的是整體表現，它們並沒有領袖，如同在自然界中，蜂群早已適應隨時失去成員。

五角大廈於2011年開始建造Perdix，源自於麻省理工學院的一群航太系學生想出一大群微型無人機的點子。2014年九月，該計畫在愛德華空軍基地首次試飛。一年之後，九十架Perdix無人機在阿拉斯加進行軍事監控測試。2016年十月，一架F-18戰機在加州中國湖的試驗場上空投下一批Perdix無人機。

擁有人工智慧大腦的大型武裝無人機已經成為現代戰爭的中流砥柱。2016年五月，美國海軍展示像飛彈般發射到空中的無人機系統——蝗蟲無人機（Locust drones）這些裝載微型炸藥的無人機一旦升空，便會自動成群結隊，並透過訂製雷達進行通訊。總體來說，蝗蟲無人機會鎖定目標，再俯衝轟炸，採取自殺式攻擊。

《殺戮機器人》（Slaughterbots）這部短片，描述軍方與私營企業的進步會如何融合，使其成為一個反烏托邦的噩夢。這部片子的賣點是：看看武器自己做決定時會發生什麼事。真是駭人聽聞。只不過，實現這個目標的技術已

經存在，且正以迅雷不及掩耳的速度發展。智慧型手機提供我們一個微機電系統（MEMs），因此，包括加速計、GPS定位系統和固態羅盤等電子元件，最後都變得夠小又便宜。

此外，由於數十億人皆已隨身攜帶智慧型的行動裝置，最終就會有足夠的數據推動科學家數十年前允諾的人工智慧革命。演算法在處理彙整海量數據時，每分鐘都越來越進步。在這個過程中，有先見之明的投資者已累積巨額利潤。經審慎選擇之後，下一步也許更有利可圖。

人工智慧在創造截然不同的贏家和輸家，優勢將集中在那些早期明智下注的公司中。這些公司擁有規模經濟，也有權力設置特殊的參進障礙。但願這些「殺戮機器人」永遠塵封在科幻小說裡，即便它有很大的機會為某些關注飛機與飛彈的國防承包商創造巨大商機，比如**諾斯洛普格拉曼（Northrop Grumman，股票代號：NOC）、雷神公司（Raytheon，股票代號：RTN）和洛克希德馬丁（股票代號：LMT）**。如此有憑有據的擔憂，象徵著人工智慧很有可能會成為該產業最主要的新式武器放大鏡。

能夠面對這種挑戰的企業寥寥無幾。當合約在狂熱的妄想中分發出去，公司及其供應鏈將嘗到巨大甜頭。記

住，這些可是政府合約，承包的公司需要符合嚴格的安全準則。多年來，我一直推薦具備大型人工智慧計畫的國防承包商給投資人。這是大勢所趨且勢不可擋，投資人現在就要開始建倉。

這是一條不歸路，猶如一路上肩負自動導向的火箭筒。

小心身後！無所不在的監控鏡頭
觀察指標 ▶ 安霸公司

不要隨便張望！監控攝影機就在你的身後，這是這個時代無可避免的事。人們被迫自願放棄隱私、屈服對危險分子的恐懼，以及先進人工智慧的降臨——這一切皆構成強而有力的組合。

2017年中期，杜拜的警方開始在城市街道上測試微型自動駕駛汽車，使用的機器人設備大約是一輛嬰兒車的大小，它配備先進的錄影裝置、串連臉部辨識軟體和空中無人機，藉以防範想伺機而動的不良分子——人工智慧促使影像監視轉變為公共設施，這個需求正準備排山倒海而來。根據市場研究機構MarketsandMarkets的資料指出，影像監視服務（VSaaS）的需求將從2016年的303億7,000

萬美元，成長到2022年的756億4,000萬美元，複合年均成長率為15.6％。那些影像監視服務供應商及其零件供應商正準備大撈一筆。

基於外界普遍認為犯罪率上升、恐怖攻擊的案件增多，以及對影像監視照單全收，導致需求量不斷飆升。與此同時，相機感測器、網路儲存和運算能力的成本驟然下跌。再者就是自動化。過去影像監視是勞師動眾的，工作人員必須全年無休地緊盯著監控螢幕，有時候難免會打瞌睡。而如今取而代之的是，即便是在一片黑暗中，我們也能仰賴人工智慧演算法，清楚辨識監控目標的臉部和偵測其動作。至於在那些公共攝影機無法捕捉到的死角，就由網路社群上政府資助的機器人做進一步的監控。

在杜拜，最初的雄心低調得許多。《連線》（*Wired*）雜誌指出，阿聯酋與紐西蘭的**馬丁飛行器公司（Martin Aircraft）**簽約，為消防員配備噴射背包；警用機器人的策略也似乎符合監控型人工智慧的故事發展。對於希望走在潮流尖端的城市來說，這是妙不可言的技術。

這些「機器戰警」是由新加坡的新創公司 **OTSAW Digital** 製造。在該公司發布的新聞稿中，董事長林庭名（Ling Ting Ming，音譯）解釋道，目標主要是使用機器人

加強警力，而非單純為了追蹤人類，他表示：「機器人的存在是為了提升人類的生活品質。」

　　先不說笑。我的看法很樂觀，因為新技術通常會帶來重要的新產業和新型商業模式，比如影像監視服務。儘管有龐大的潛在市場，投資人對影像監視服務的崛起幾乎一無所知。縱使北美的影像監視滲透率在短期內不會變成像中國那樣，但我們在機場或體育場等擁擠的公共場所可以隨機觀察到，監控攝影機的數量正不斷增加。在當前恐怖行動與旅遊禁令的環境下，這樣的發展勢必急遽成長。

　　然而，聚焦很重要。影像監控硬體是分散型市場，影像監控服務軟體的市場更加複雜，投資人不可不慎。

操作建議

值得關注的影像監控潛力股，是一家總部設在矽谷的視訊壓縮與半導體公司**安霸（Ambarella，股票代號：AMBA）**。截至2018年中期，該公司的股價較2015年的高點下跌60％，但在40美元左右穩定整理。由於無人機和安全 IP 攝像機廠商迫切尋求其晶片的影像處理能力，該公司未來很容易再一次向上突破70美元或更高的價格。

人工智慧的下一個受害者與受益者

觀察指標 ▶ P2P 網路保險平台 Lemonade

一家芝加哥的小型新創公司正在對保險業產生巨大影響——名為 **Lemonade** 的 P2P 網路保險平台希望顛覆保險公司的經營方式，於是用機器人、機器學習、人工智慧和簡單的智慧型手機應用程式取代傳統的保險經紀人和文書作業。接著，奇蹟發生了——透過 AI 協助在九十秒內完成保單、大多數理賠辦理時間只需要三分鐘。業界注意到了。如今，它讓各地的商業模式都發生了轉變。

發生劇烈變化其實是遲早的事。自 1666 年倫敦大火 [4] 毀滅一萬三千個家庭以來，保險業並沒有實質的變化。這次的轉變由兩位致力於社會公益事業的創業者促成。假如沒有穿戴角質框架眼鏡、灰色短袖汗衫和牛仔褲，執行長薛伯（Daniel Schreiber）肯定就象徵了企業家精神的理想主義。Lemonade 出售低成本的租屋和家庭保險，只收取少量的費用，把剩餘的錢存起來，以防發生索賠事件。

薛伯表示，大多數的年份都會有剩餘的錢。這些盈餘

---

4 英國倫敦歷史上最嚴重的火災，燒毀倫敦大約六分之一的建築。

會在年底捐給投保人選擇的慈善機構。Lemonade稱這個過程為「回饋」。這樣做的目的是善用本來可以為社會公益帶來利潤的錢。此外，從理論上來說，消除利潤動機便排除了保險公司在協商理賠時面臨的內在利益衝突，而且還能柔性勸阻投保人粉飾索賠。

只不過，若非擁有尖端技術，這一切都是空談。Lemonade的基礎建立在人工智慧機器人與大量的機器學習，並將之於後台運行。軟體決定一切：這張保單的成本是多少？應該支付多少錢？Lemonade稱這種結果為「彈指之間」，意思是保戶在幾秒鐘內就能取得保單，幾分鐘內就能獲得理賠。該公司就曾在短短三秒鐘內解決一件失竊的加拿大鵝（Canada Goose）夾克索賠問題。

這完全顛覆了保險業的作法——時間就是金錢。因此，其他碌碌無為的保險公司正在加緊腳步，迎戰自己的技術競賽：許多公司使用顧客生成的照片，而其他公司使用人工智慧加持的無人機來進行理賠調查，不再另外聘雇保險理算員。舉例來說，利寶互助保險集團（Liberty Mutual）會定期派遣無人機與操作員去檢查受損的屋頂。透過這些設備，省下時間、費用，以及避開爬梯子的危險。《華爾街日報》的報導也指出，有40％的美國汽車保

險公司在許多情況下已不再需要理算員。

　　Lemonade的軟體會要求投保人拍下照片，並在某些情況下記錄損壞與事故的視訊證詞。該軟體從中運行十八種獨立的反詐騙演算法，將人工智慧應用於搜索詐領保費的行為。大多數案件都是在沒有人工輸入的情況下解決。這是辦得到的，因為目前的智慧型手機皆配備了優良的相機，在預設選項下可以傳輸「元數據」（metadata）[5]。

　　利用AI演算法處理索賠程序最多只需要二至三天，而人工處理通常需要十至十五天。這意味著保險公司可以省下一筆高達數十億美元的費用。標普智匯（S&P Global Market Intelligence）的報告指出，調查索賠的成本占實收保費的11％，此外還有個資洩露問題。這就是保險公司最終支付金額與索賠成本之間的差異。2010年，博思艾倫公司（Booz Allen）的研究指出，公開索賠期限越長，成本就越高。

　　每一美元的損失都會對盈虧底線產生負面的影響。對投資人來說，這其中的機會是相當巨大的──迅速適應的保險公司將會節省龐大的成本並創造豐厚利潤。新的精算

5　又稱為中繼資料，意指描述其他相關資訊的真實數據。

模型肯定會逐步發展，商業模式與公司結構轉型也會隨之而來。

　　全球最大駕駛人分析平台 **Zendrive** 開發出一款智慧型手機應用程式，利用機器學習演算法和模式分析，為個別車主和企業車隊管理者提供可執行的安全見解。操作方式是透過智慧型手機的感測器蒐集數據。演算法能判別駕駛人是否超速、危險行駛、注意力分散或在使用手機，然後將即時分析數據回傳給保險公司。優良的駕駛人能享有較低的保險費率。這家位於矽谷的公司自 2013 年成立以來，已經記錄超過七千五百萬英里的數據，也吸引 **BMW** 這類的投資者，以及**通用再保險公司（General Re）**這類的保險業合作夥伴——進入障礙不過是一支普通的智慧型手機，大約 90% 的美國成年人都持有一支。

　　另一家 AI 新創公司 **Cape Analytics**，利用人工智慧加持的電腦視覺，為保險公司準確評估資產，讓他們不需要再額外派遣理算員。該公司的經營理念是，撰寫保單的最佳方式乃從一開始就掌握準確的資訊。Cape 利用衛星影像與機器學習，建立穩健的關鍵屬性資料庫。當顧客申請保險時，關鍵資料已蒐集完畢，核准時間更快，成本更低。所有的資料都儲存在雲端，以即時數據為基礎。

產險與意外險公司的軟體供應商 Guidewire Software（股票代號：GWRE）是專精這個領域的少數上市公司之一。該公司為保險業生產軟體產品，穩扎穩打。銷售額從 2013 年的 3 億美元飆升至 2017 年的 5 億 1,400 萬美元；2017 年的淨利成長41%，達到 2,120 萬美元。該公司在人工智慧、保險業和詐騙檢測方面處於領先地位。

案例1：輝達——人工智慧與深度學習的硬體都靠它

目前全球所有的數據中心都已將半導體製造商**輝達**（**股票代號：NVDA**）的「深度學習 AI」視為標準，這表示在不久的將來，輝達的硬體會供不應求。

1999 年時，**Alphabet** 憑一款名為 BackRub 的搜尋引擎（即 Google 的前身）佔有一席之地。最初，Alphabet 鞏固機器學習公司的龍頭定位，其餘業務，包括網路廣告，都只是促進人工智慧研究的實用途徑。我們有充分的理由相信，管理者會利用公司的領先優勢，把人工智慧帶入媒體、不動產開發、自動化與健康科學，以及所有充滿活力的長期業務。

從 2014 至 2017 年，輝達的股價上漲 1,167%。儘管獲利甚豐，但投資者可能仍低估這家優質人工智慧公司的未

來成長規模。

　　輝達的本質及它對運算前景的掌握，皆以人工智慧軟體為根基，回首它的起跑點，這間公司還有一段很長的路要走：設計出尖端晶片，即電腦的硬體大腦。很久以前，該公司便已投入數據科學，協助電腦像人類一樣觀看、思考和學習。深度學習是一種以圖形處理器為基礎的人工智慧，這讓電腦科學家欣然採納。該公司的領先客戶迅速採用，推動輝達的獲利。

　　人類通常根據經驗快速做決定。假設我們在高速公路上行駛，一隻蟲子朝擋風玻璃飛奔，那是蟲子生不逢時。但在現代，電腦若停止運作，就必須先處理漏洞構成的威脅，再決定要採取什麼樣的行動。其中的複雜性一言難盡，原因是傳統的電腦架構有其特定順序，而「深度學習」則以新模型為基礎，有數十億軟體神經元和數兆個連結在網路平行運作。

　　2011年，Alphabet旗下針對深度學習與人工智慧進行研究的團隊──Goodle大腦（Google Brain），透過讓電腦不停觀看YouTube的貓咪影片，令其學會辨識貓咪和人。這種看似簡單的偉大成績需要兩千個中央處理器和Google龐大的資料中心網路來達成。後來，史丹佛大學

設法利用深度學習和僅僅十二台輝達的加速圖形處理器來複製這個試驗。直到2015年，**Google**和**微軟**的研究人員利用深度學習的人工智慧，終於在圖像辨識方面擊敗人類。

　　輝達的創辦人兼執行長黃仁勳（Jen-Hsun Huang）寫道：「與人工智慧開發商合作，我們得以繼續改進圖形處理器的設計、系統架構、編譯器和演算法，並在短短三年內將深度神經網路的訓練速度提高五十倍——比摩爾定律（Moore's Law）[6]快得許多。」

　　黃仁勳接受這個不尋常的人生選擇。他平常穿著皮夾克，身上戴著閃耀刺青。輝達早在二十年前起家，生產高端顯示卡，即把程式碼轉換為圖像的個人電腦硬體。從那個時候開始，該公司已經走了很長一段路。輝達的顧客大多是遊戲玩家，需要逼真的影像，黃仁勳因此督促公司投入巨資，開發更優質的軟體建模。

　　接著，一切水到渠成。輝達採用全新的運算方法，利用人工智慧，把傳統的指令處理與中央處理器的圖形處理器結合起來。這個結果並不便宜。根據《紐約時報》的報

6　該定律是由英特爾的共同創辦人戈登・摩爾所提出，意指積體電路上可容納的電晶體數目，大約每隔兩年就會增加一倍。

導，輝達斥資100億美元開發圖形處理器運算平台。考慮到該公司最初的規模，這簡直是一場豪賭。只不過，這對「深度學習」的影響甚大，包括醫療保健、生命科學、能源、金融服務、製造業、娛樂業和汽車業的研究人員，現在無不爭分奪秒地持續創新。

特斯拉在2017年展示配備輝達Drive PX硬體的自動駕駛汽車。這輛車成功行駛於繁忙的住宅區街道、蜿蜒的鄉村道路和州際公路，並在公司、店面前平行停車。戴姆勒（Daimler）、奧迪（Audi）等車廠也已使用輝達的神經網路發展自動駕駛平台。

輝達的最新人工智慧電腦Drive PX Pegasus每秒可處理三百二十兆件作業，這足以處理相機、光學雷達、超聲波和其他需要全自動化的感測器數據。這台電腦能裝進飯盒大小的容器中。難怪計程車、卡車運輸和物流公司紛紛嚷著要升級這個系統。與此同時，輝達持續投入新產品和新市場。

2017年十二月，該公司披露了價值3,000美元的顯示卡之王——Titan V，圖形處理並非它的目的，其用途是將輝達的圖形處理器運算平台擴展到下一代工作站。投資人應該注意這種前瞻性思維，這就是偉大企業在做的事。

如今，圖形處理器是人工智慧領域的標準配置，從大學研究員到比特幣礦工，這些聰明的程式設計師都在利用平台挑戰學習的極限。在這個過程中，輝達試圖擺脫半導體業務的周期性，它全力以赴，利用人工智慧解決重大問題。

《財星》雜誌將黃仁勳評為2017的年度企業家，正可謂一時之秀……但晚了十年。國際IT諮詢公司高德納預測，到了2020年的時候，將數據遷至雲端將會帶來1兆美元的契機。包括：**亞馬遜 AWS、微軟 Azure、Google Cloud、百度、甲骨文、阿里巴巴集團**和**騰訊**等公共雲端公司，皆已大舉投資人工智慧。

他們認為這是加值服務——吸引企業客戶的一種方式。他們希望面面俱到。因此，除了他們自己的圖形處理器型 AI 框架，其他方面皆熱烈支持輝達的圖形處理器。客觀看待數據中心業務的發展勢頭，輝達 2018 會計年度的銷售額為 19 億 3,000 萬美元，在短短三年內成長三倍。此外，Titan V 將輝達價值 1 萬美元的數據中心運算卡之相同零件帶到桌上型電腦——亦即五千一百二十個運算核心、六百四十個機器學習核心、兩百一十億個電晶體，以及 Volta 圖形處理器架構。這些加在一起，便會形成超越市場的不朽傳奇——研究人員和開發商將能夠在辦公桌

上建構人工智慧軟體模型，更重要的是能將圖形處理器擴展到更多應用程式，這將有助於輝達銷售更多硬體，產生良性循環。

多年來，我一直引導投資人買進輝達的股票。最初的吸引力並不是人工智慧，而是該公司明智的管理方式。果然，輝達利用專業的圖形技術，以嶄新的方式解決複雜的問題。當優勢越發明顯時，它便押上大注。這是投資人應當尋求的屬性——偉大的公司都會專心一致。他們會善用天賦，把握具明顯競爭優勢的時機打擊與壓制競爭對手。

操作建議

> 輝達股價大幅上漲得益於它堅實的基本面：2018 會計年度的銷售額為 97 億 1,000 萬美元，比 2009 年成長 2.8 倍，所有跡象都預示它未來會有更多上漲空間。我相信該公司會繼續為人工智慧尋找新的應用程式，應用於圖形處理器。輝達股票是目前投資人工智慧的最佳途徑之一，因此可以在股票拉回時買進。

案例 2：Alphabet──長期押注人工智慧的業界龍頭

早在輝達與美國國家癌症研究所、美國能源部聯手啟動「癌症探月」（Cancer Moonshot）計畫之前，以及在公司更名為 Alphabet（股票代號：GOOG）的前二十年，

Google 就是典型的人工智慧公司了。很久以前，Google 在 1994 年一月憑著「機器學習」徹底改變網際網路搜尋，它不僅雇用業界的佼佼者，甚至在 2009 年就開始修改自動駕駛汽車的程式碼。

往後的日子，Google 除了成為全球最大的網路企業之外，在人工智慧領域的高超技術其實並不引人注目，直到後來在 2014 年一月，它收購一家英國人工智慧公司 DeepMind。極具個人魅力的哈薩比斯（Demis Hassabis）是 DeepMind 的創辦人，他一直在教電腦如何像人類一樣玩電玩遊戲。他利用一套訂製演算法和一台神經網路圖靈機（即模仿人類短期記憶的外部運算設備），取得長足的進步。這引起 Google 創辦人的注意。

如今，DeepMind 表示最新的神經網路已不再需要人工輸入。一段時間以來，這個諱莫如深的 Alphabet 部門一直處於 AI 研究的先鋒位置，而其最新的進展堪稱開闢了新天地——從藥物研發到材料設計，一切皆蘊含深義。

乍看之下，DeepMind 在做的事情微不足道，為 AI 付出的努力在世俗眼光之下，就像在玩曲高和寡的小把戲。2017 年五月，Google DeepMind 開發的人工智慧圍棋軟體 AlphaGo 成為第一個擊敗人類的人工智慧程式。並非所有

棋手都辦得到──李世乭（Lee Sedol）是十八次國際圍棋大賽的冠軍。圍棋是兩個人玩的中式桌遊，已有兩千五百年的歷史。下棋時，需要將對弈的棋子放在縱橫十九道的棋盤上，目標是圍殺對手的棋子。

AlphaGo的勝利成為頭條新聞。圍棋比西洋棋還要複雜，超越人類一般智力的極限。研究人員先前發現它難以用機器複製。AlphaGo是經過數個月的人工訓練和無數時間打磨出來的產物。當它以四比一戰勝李世乭時，驗證了以往未經證實的人工智慧理論，也象徵目前一般人類的智慧結構已足以複製出高等人類的智慧。

現今，DeepMind的AlphaGo Zero更上一層樓。研究人員僅向Zero展示遊戲規則、棋盤和棋子標誌──沒有人工的培訓員，也沒有灌輸它戰略教程。人工智慧透過四百九十萬次模擬與自己對弈，在七十二小時內就學會了圍棋。為了進步，Zero必須不斷重新思考生成的演算法。隨後，研究人員就讓Zero與AlphaGo上場對弈。戰況不太好看──Zero以一百比零消滅AlphaGo。

不靠人類助手，Zero憑一個神經網路和四個處理器就做到這一點，它甚至還發明人類從未考慮過的超級成功策略。相較之下，AlphaGo需要兩個網路、四十八個處理器

和數個月的人工訓練。

　　某些聰明絕頂的人才對支配人工智慧發展速度的必要性提出中肯的看法。比爾・蓋茲、馬斯克、霍金等人擔心人工智慧在軍事上的應用。你們可以想像一下，假如武裝AI機器的唯一的用途是殺人，可能會造成多大的傷害。再者，想像一下同樣的機器以飛快的速度持續精進技能。獨裁者看透其中的軍事機會。俄羅斯總統普丁（Vladimir Putin）最近表示，能主導人工智慧的國家將成為世界領袖。這足以讓「魔鬼終結者」[7]起雞皮疙瘩。

　　另一方面，不受人為限制的AI機器應能創造豐功偉績。無休止操作模擬的能力只受到電腦效能的限制，而且這種能力進展極快，新型的超高效AI晶片組全面運作，下一代的硬體已在開發中。這是美麗的新世界。潛力無窮。

　　輝達擁有專門為製藥業設計AI架構的完整部門，研究人員利用深度學習來理解大量的生物科學數據——他們在開發個人化藥物，要治療帕金森氏症、阿茲海默症和癌症等疾病；而DeepMind正透過它的網路以期更理解量子化學，雖說為時尚早，但哈薩比斯夢想找到一種「室溫

7　意指阿諾・史瓦辛格在電影《魔鬼終結者》（*The Terminator*）飾演的生化人殺手。

超導體」，想藉此徹底改變電池的發展。

投資人需要瞭解產業形勢已然發生變化，也需要意識到某些行業會受到衝擊，而其他行業將蓬勃發展。

案例3：Google——能獨立思考的DeepMind技術

Alphabet的定位獨特，它無疑是世界上首屈一指的AI公司，它所做的一切都圍繞著人工智慧和滿足演算法所需的數據。

Alphabet的共同創辦人佩吉（Larry Page）曾講述關於羽翼未豐的Google是如何踏入網路廣告領域的有趣故事。他過去和才華橫溢的電腦科學家布林（Sergey Brin）在史丹佛大學同一間辦公室工作。佩吉想出一個點子。在1996年的春季，正值網際網路蓬勃發展，他認為繪製網路頁面的連結結構及其關係，可能是有趣的工作。

1996年三月，佩吉推出名為BackRub的搜尋引擎，即任務為確定網頁反向連結的一大批搜尋機器人。這些「網路蜘蛛」[8]不斷在網路上爬行，根據引文來編纂連結。隨著計畫變得越來越複雜，吸引到布林一同參與。

8　自動瀏覽全球資訊網的網路機器人，能將頁面儲存下來，以便搜尋引擎未來生成索引供用戶搜尋。

接著，這項計畫擴大了，轉變為「網頁排名」（PageRank）[9]。佩吉和布林孜孜不倦地工作，開發新的數學算式來解決新出現的問題。布林解釋道，網頁排名基本上是把整個網際網路變成有數億個變量的數學方程式。他們兩個無意間開發出最優良的搜尋引擎，祕訣是相關性和遞迴基礎。數據越多越好──也就是人工智慧的良性循環。

　　1990年代末期，網際網路的繁榮處於全盛時期。Yahoo和當時另一個流行的搜尋引擎Excite皆出自史丹佛。佩吉和布林試著將網頁排名技術賣給Excite，期望獲得160萬美元的合理價格和該公司的股票。這個條件被拒絕了。Excite把自己視為是網路上重要的出口與入口，不認為「搜尋」是企業的重要組成部分。

　　於是，布林和佩吉決定孤軍奮戰。在同樣身為史丹佛大學校友的昇陽電腦（Sun Microsystems）創辦人投入10萬美元的種子資金後，它更名為**Google（股票代號：GOOGL）**，這個命名源自於一個刻意拼錯的單字「googol」，即數字1後面加上1,000個零。

　　直到1999年，Google每天執行七百萬筆搜尋。沒有

9　Google針對搜尋結果的網頁進行排名的演算法。

推銷，也沒有廣告預算。它最初的計畫是將搜尋技術授權給網路上的入口與企業網站，但成果有限。為了幫助公司成長、進一步的將資源投入機器學習，布林和佩吉勉為其難開發了廣告商業模式。當時，廣告是發揮機器學習的唯一途徑。最後，與Yahoo達成的授權協議為Google提供完善演算法所需的數據。搜尋量增加到每天一億筆。

直到2002年，Google的廣告升級了。除了依點擊次數與配置付費外，廣告商還有機會與競爭對手的廣告競價。這就引出了相關性，也代表只要廣告商與搜尋工具的關係更密切，以及點擊次數增加，廣告商最後為每支廣告支付的費用可能會更少。重新設計後的方案立即引起轟動。第一年，Google達成4億4,000萬美元的銷售額和1億美元的利潤，這也是關鍵數據的新來源。

從那個時候開始，該公司的商業計畫就此定案。Alphabet讓企業適應人工智慧的開發，首先是搜尋，再來是YouTube和Gmail。當iPhone問世時，該公司的高層主管馬上意識到智慧型手機會成為數據金礦。2005年春季時，Google收購Android——這是一個由魯賓（Andy Rubin）所開發、極具競爭力的智慧型手機平台。魯賓承諾Android具有Linux的靈活性和Windows遍布全球的服

務範圍。

截至2018年中期，Android占全球82％的市場份額，它也是Alphabet工程師的數據源泉。同時，還有別的事情要忙。該公司透過自動駕駛汽車、生物技術、家庭自動化和連結技術，挑戰人工智慧的極限。對Alphabet而言，吸引力在於滿足演算法所需的數據，使之能在未來具備商業用途。它在2017年的銷售額成長超過23.7％，對於這般規模的公司來說，成長速度非常快。

當該公司藉助人工智慧，將舉足輕重的數位平台引入其他經濟領域時，銷售額和利潤便加速成長。對很多人來說，Alphabet是廣告企業；從銷售額和成就來看，確實如此。Alphabet是世界上數一數二的數位廣告平台，但別忽略一點，廣告只是工具，事實上它是機器學習的應用方式。Alphabet企圖透過理解數據與現實世界事件之間的關係來改變整個世界。這家公司比其他公司擁有更多的數據和工程師。

操作建議

對於一般投資人來說，**Alphabet** 的股票是相當不錯的全面性投資工具，建議可以在股價拉回時買進。

CHAPTER

7

機器人學：
AI機器人大軍來襲

快速掃描

　　智慧型機器人的崛起有一大半的原因是為了匯流科技。網路、感測器、雲端型數據分析和人工智慧，已經把現實世界中的機器人轉變成會思考的機器。感測器讓這些機器能夠觀看、傾聽、感覺，甚至能估量周遭的環境。此外，他們工作時是堅持不懈的，除了需要維修，機器人從不離線，他們不需要陪產假或安排其他假期，也不會有精神崩潰的問題。

　　持股建議：在工業領域，智慧型機器人可以擔任油漆工和點焊機；在零售業，他們可以擔任價格檢驗員、倉庫貨架搬運工和自動化堆高機操作員。但這些只是性能的冰山一角。不久之後，他們將在地球上最危險的地方進行搜救工作；他們將協助外科醫生，幫助截肢者恢復遺失的肢體功能，以及照顧老年人等，投資人必須密切關注這些產業的轉型應用。建議觀察標的包括：**Mazor Robotics**（股票代號：**MZOR**）、**直覺手術公司**（**Intuitive Surgical**，股票代號：**ISRG**）、**JBT科技公司**（**John Bean Technologies**，股票代號：**JBT**）

機器人崛起之災確實會發生。人類瀕臨危險，但並不像大多數人擔心的那樣。機器人每天都變得越來越聰明，準備接替人類的工作。其中的關鍵就在於軟體，機器人的智慧終於開始與其生理靈活度相匹配。

我們大多數人都看過現代工廠內部的照片。成群結隊的巨大金屬機器人做出扭動與傾斜的動作，並不令人意外。令人驚訝的是他們變得如此聰明。像大多數事物一樣，機器人擁有更優良的感測器、視覺、網路性能、數據分析技術以及常見的人工智慧後，發展迅速。

在這個章節，我會記述「機器人學」從雙足搜救單位到尖端生物力學肢臂的快速發展。我會提供業界發展方向的見解。我也會探究三家前景光明但鮮為人知的公司，他們已經成為利基市場的領導者了。

從軟體開始的機器人進程

觀察指標 ▶ 人工智慧如何衝撞傳統產業？

《衛報》或《經濟學人》似乎每周都會刊登一篇報導，內容跟即將到來的機器人崛起之災有關。近期，就連《華爾街日報》也加入這個行列。你們可以想見情況有多糟糕。

那些報導並不是在談論殺手終結者或天網之類的事，內容更像是機器人會奪走你們的工作、擾亂經濟，還會讓你們的子孫生不如死⋯⋯這些隱憂來自於機器人變得越來越聰明。我的意思是更加精明──他們有獨立思考的潛力。現今的機器人能用低成本、高解析度的相機觀看，能用超聲波感測器聽到聲音，能用敏捷的四肢觸摸，甚至已有了知覺。他們也能思考了，會做的事情日新月異。

2015年時，美國國防高等研究計劃署（DARPA）的「機器人學挑戰賽」，對機器人的開發進行測試。日本福島第一核電廠發生核能事故後，研發目標是製造在危險情境救災的通用機器人。數百萬美元的獎金未見分曉，來自幾所頂尖工程院校與機器人學新創企業的原型機在障礙跑道上飛快奔跑，旨在測試其救援技能。機器人駕駛汽車、在牆上鑿洞、打開閥門，但似乎就是不能上下樓梯。這些已是2015年六月的事了。你們應該看看他們「現在」能做哪些事。這是未來發展的前兆。

全球頂尖AI專家卡普蘭（Jerry Kaplan）在2015年出版的《人類不需要遵循》（*Humans Need Not Apply*）一書中，無懈可擊的總結道：「假如你們擁有機器人，就能表現得非常棒，所以要努力賺很多錢。機器人會讓收入不平

等的情況更嚴重。可是，如果你們是從事重複性很高的工作，麻煩就大了。」我是一名樂觀主義者。我相信社會將找到一種方法，讓機器人在社會化的環境中生存下來。我們能夠隨遇而安。大好機會就在投資人眼前。

這是迎接大局的開端。2017年一月，日本壽險公司**富國（Fukoku Mutual）**表示會採用**IBM Watson Explorer**軟體驅動的機器人，藉以取代三十四名保險理賠員。這些機器人能讀取醫療證明和記錄，也能在計算可能的支出費用之前，根據特定的手術流程計算住院時間。富國官方認為除了第一筆開支之外，每年省下的成本總計會超過100萬美元。

這些機器人不像好萊塢明星那麼時髦，甚至是無形的。他們只是程式碼中的1和0，建造用途是解釋數據和降低勞動力成本。現在他們已經準備好要大批部署。史丹佛大學的研究人員表示，未來沒有一份工作是保證安全無虞的。律師、會計師，甚至是外科醫生都可以自動化。人工智慧在加速機器人的教育。他們已掌握數據分析導向的重複性判斷任務，並部署於各大公司的顧客服務、品質管制、詐騙分析、診斷和治療系統。每一個新的數據點都會讓他們變得更完善、更便宜。

富國只花了170萬美元安裝能使用自然語言回答問題的Watson人工智慧程式，這份合約所要求每年的維修費為12萬8,000美元，若換算為人力成本僅需兩年就能回本。隨後，省下來的錢全都能反映在獲利上。你們可以想像得到，財務主管對此有多麼迫切的排著隊，要等候AI機器人學的商業魔力。

這就是問題所在。在這個新時代，投資機器人學AI能帶來利潤。研究顧問公司IDC預測，認知系統的需求將以匪夷所思的速度擴大：從2016年的80億美元成長至2020年的470億美元。目前，最關注機器人學的產業包括：銀行業、證券與投資業，以及製造業。研究人員指出，可以在這些領域發現「大量非結構型數據、駕馭資訊洞察力的渴望，以及對創新技術的開放性」。

這些變化目前正在這個星球醞釀著，不久的將來就會發生。過去一百年來，美國的薪資成長多半與生產力同步成長，但在1990年，兩者開始分歧。這情有可原。一般來說，工作可分為四種類型：常規型、非常規型、手動型與認知型。常規型不同於非常規型，原因是缺乏變化；手動型不同於認知型，原因是涉及生理條件。

1990年時，聖路易的美國聯邦儲備銀行發現，傳統

工廠工人從事的常規型手工作業，發展開始放緩，因為軟體工程師編寫機器人遵循的規則相對容易。直到最近，為常規型認知作業編寫規則變得易如反掌，比如數百萬美國人在辦公室從事的工作類型。

我們可以即時看到這些轉變。2012 年時，**亞馬遜**收購機器人學公司 Kiva，幾乎沒有人察覺到自動化會使倉庫發生劇變。2017 年九月時，《紐約時報》報導這家線上零售商的機器人部署數量已經超過十萬台了。亞馬遜倉庫裡的職員有三分之二遭到解雇，剩下的職員只能做非常規型的工作。接著出現 WhatsApp，即**臉書**在 2014 年以 190 億美元收購的軟體通訊平台。該公司為十億多名用戶服務，每天發送三百四十億封訊息，只靠五十五名職員和三十二名軟體工程師運作。

2016 年一月時，世界經濟論壇（WEF）預估，直到 2020 年，自動化會導致多達五百萬人面臨失業。估計的前提是深度學習與其他形式的人工智慧進展甚微。**百度**的首席科學家吳恩達（Andrew Ng）認為這樣的估計太過於樂觀。他提醒大家，人工智慧的進步將「造成大規模勞動力遷移」。他並非唯一如此評估的人士。問題在於政治領導人將採取什麼樣的措施。

外科手術機器人學

觀察指標 ▶ 直覺手術公司

2017 年八月時，賓州大學醫學院的外科醫生做了一件驚人之舉。

一名商業承包商珀尼科夫（Noah Pernikoff）罹患罕見的腫瘤，他的頭骨底部觸碰到了脊椎，因此若要切除腫瘤極具危險性，任何失誤都可能會令其喪失主要知覺和精細的動作技能，甚至會完全癱瘓。但如果外科醫生無法切除整個腫瘤，未來可能會讓病患處於更危險的情況。於是，醫療團隊做出決定，他們向開發達文西機器人手術系統的**直覺手術公司（股票代號：ISRG）**尋求幫助。

自 2005 年以來，資訊科技的進步使醫療機器人受益匪淺。直覺手術公司向來是技術進步的先鋒。該公司的達文西外科手術系統讓外科醫生位處優勢，協助他們表現得更好。醫生自在地坐在連線的虛擬實境控制台，他們能夠看到實際操作手術的三維表現，並使用腳踏板操縱相機、特殊手指操作主控制器，進而操縱附著在機械四肢的醫療器械。同時，達文西系統處理器正在進行數以百萬計的內部安全測試，以提高外科手術的精確度。以往醫生執行手

術時手部震顫的情形已不復存在。這宛若是某些瘋狂科學家的產物，但確實是前衛的設計。

珀尼科夫罹患癌症的部位很特殊。脊索瘤是生長緩慢的惡性腫瘤，在脊椎和頭骨的骨骼中形成，每年影響全球一百萬名患者，大多數病例都可透過微創手術治療。但說到珀尼科夫的病例，腫瘤影響到他的C2頸椎，即能讓頭部左右移動的頸椎部分。C2的形狀很獨特，能讓椎動脈到達大腦並供給血液，要執行手術幾乎是不可能的。於是，珀尼科夫被轉到賓州大學的醫院。那裡的研究人員開發了微創經口機器人手術，可以貫穿口腔和喉嚨，再切除腫瘤。

由神經外科助理教授馬爾霍特拉（Neil Malhortra）博士和耳鼻喉科主任奧馬利（Bert W. O'Malley Jr.）博士帶領的醫療團隊，提出由三部分組成的計畫。首先，外科醫生切開頸後，使用超聲波工具連續切割骨頭，進行時不會影響到腫瘤；馬爾霍特拉隨後執行經口機器人手術，把腫瘤切除。最後一步是，外科醫生使用珀尼科夫的髖部骨頭重建脊柱。

這個手術像是一場為期兩天的馬拉松，但大獲成功。這也是使用機器人在這種罕見部位切除腫瘤的首例。最

終，珀尼科夫已重返工作崗位。他很慶幸能及時發現惡性腫瘤，也很感激機器人學技術的進步讓這個不可能的手術得以實行。

有意志的「仿生」人
觀察指標 ▶ 約翰霍普金斯大學

還記得電視劇《無敵金剛009》(*Six Million Dollar Man*)[1]嗎？約翰霍普金斯大學和美國國防部終於將劇中的概念付諸實行。

這並非重啟1970年代的幻想 —— 受試者馬蒂尼（Johnny Matheny）不是太空人，無法以時速六十英里的速度奔跑。但在2017年十二月時，他帶回價值1億2,000萬美元的仿生手臂原型，從此改變他的人生，同時也會讓你們綻放笑容。

這對投資人來說猶如當頭棒喝。注入先進人工智慧的機器人學技術確實存在，且以意想不到的方式擴散開來。馬蒂尼不如你們預期的形象，他沒有好萊塢般的容貌，也

1　美國超級英雄電視劇，主角在經由改造成為仿生人後，為國家處理特殊任務，以非凡的本領追捕惡人。

沒有令人印象深刻的身材。他是一名蓄著山羊鬍的禿子，啤酒肚特別顯眼。他是平凡的西維吉尼亞州人，自稱是鄉巴佬。但他很和藹，也聲稱自己的生活遵循兩條經久不衰的準則：「事出必有因」和「永遠保持積極的心態」。

放棄是一件很容易的事。2005 年時，醫生發現馬蒂尼的左前臂有一個惡性腫瘤。「做六次手術把它切除，」他打趣地說道，「然後用三十九次放射線療法把它燃燒殆盡。」這些辦法都未能奏效。直到 2008 年，他的醫生已經試過所有療法。「截肢」是確保突變不會擴散的唯一辦法。

歷經千辛萬苦，馬蒂尼選擇勇往直前。他在網路上找到「模組化義肢手臂」（MPL）的連結。這是新型人工手臂，由馬里蘭州的約翰霍普金斯大學應用物理實驗室齊力研發；他也到國防部高等研究部門 DARPA 的網站搜尋相關資料。模組化義肢手臂共有二十六個關節，其中有十七個可以獨立移動。但最重要的創新是「意念控制」——用藍牙臂環和特殊植入管直接融入骨骼。佩戴者只要思考，就能控制手臂。

移植過程相當繁複。馬蒂尼做了兩次手術。第一次是把植入管固定在骨頭上。外科醫生把他的上臂神經移到離肘部更近的地方，他必須學習如何透過稱作「神經移植

術」（reinnervation）的過程，從上臂神經獲取遺失的神經資訊，這是一個漫長又乏味的過程，一直持續到今天。當一切正常運作時，那些神經會活化控制機械臂的藍牙臂環感測器。

馬蒂尼是少數被選中測試該設備的人選之一。約翰霍普金斯大學的創傷外科醫生阿爾伯特・基（Albert Chi）找到以前控制強尼手部的手臂神經。他透過手術，將神經移植到健康的組織，並安裝「骨整合植入管」。

自 2014 年九月以來，馬蒂尼持續在學習如何控制手臂，且進步神速。這一切都是利用他兼差工作以外的時間完成的。「模組化義肢手臂」是價值 1 億 2,000 萬美元的設備。馬蒂尼每三個月就得前往巴爾的摩，與基、研究員在受控環境中共處。他們把這個設備放在植入管中，馬蒂尼就能重返四足之旅了。

直到 2017 年的聖誕節，情況發生了轉變。馬蒂尼開始在家中全天候配戴這個設備，實驗持續到 2018 年結束。過程中，他只能依靠自己「自由地犯錯」，看看模組化義肢手臂的正常極限能到哪裡。研究人員只要求他不要在開車時配戴，且要時時保持乾燥。除此之外，他可以隨心所欲，至少在 2018 年之前是如此。

也許馬蒂尼看起來不像身價有 600 萬美元的男人，但他懷抱的希望與抱負是有目共睹的。他已經成為活生生的機器人技術化身，能讓失去肢體的人懷抱重生的希望。誠然，要價 1 億 2,000 萬美元的仿生手臂，並不是每個人都有辦法負擔這個機會。然而有些公司，比如 **Mazor Robotics**（股票代號：MZOR），都在發揮影響力。這家以色列公司製造的外科手術機器人，在脊髓手術方面有顯著的進展。我之後還會再提到它。

無論如何，投資人都需要做好準備，這是能受惠良多的真實投資故事。

軟體是機器人勇敢做夢的關鍵
觀 察 指 標 ▶ 波士頓動力公司

兩年前，最先進的兩足機器人無法上下樓梯，也無法開門。看著他們計算垂距，重心不穩，接著跌跤，真是滑稽。而如今，**波士頓動力公司**（Boston Dynamics）的機器人已可以輕鬆做出後空翻的動作了。

2017 年十一月時，該公司展示最新開發的機器人，它能像人類一樣行走，稱為「阿特拉斯」（Atlas）。在改善

軟體之後，現在的阿特拉斯擁有不可思議的平衡感，它可以跳到架子上，然後朝反方向跳躍。沒錯，阿特拉斯甚至能像體操運動員一樣後空翻。如果他脫離控制，並有自己的想法，那就太可怕了。但請不要忽略更大的前景，這是投資者出手的好機會。

我們人類在耳濡目染之下，變得害怕機器人，尤其是害怕長得像人類的機器人。在書籍和電影中，機器人往往有一個惱人的惡習，那就是時常把探險家和科學家炸成碎片。事實上，他們象徵著無所不能。

在2017年的GPU圖形處理器技術大會（技術人員稱之為「GTC」），半導體製造商**輝達（股票代號：NVDA）**的執行長黃仁勳解釋，他的公司如何教導名為「以撒」（Isaac）的軟體機器人打曲棍球。黃仁勳帶領的研究團隊，最先建構一個遵循物理定律、虛擬逼真的替代宇宙，那裡有冰、有冰球、有曲棍球棒，甚至還有移動式球網。工程師不斷新增虛擬感測器，讓以撒一邊試錯一邊學習。然後他們複製機器人數百次，繼續進行模擬。

由於那個宇宙是虛擬的，模擬的次數和速度沒有限制。以撒不斷地精益求精，很快就掌握曲棍球的物理知識。黃仁勳認為，同樣的大規模模擬學習計畫對醫療保健

能產生深遠的影響。他相信機器人外科醫生能發展出比人類更勝一籌的技能。這個過程已經為自動駕駛汽車帶來不同凡響的效果。2017年十月,黃仁勳向《以色列時報》透露,他預計全自動化的計程車最快會在2020年上路。

　　這些進展讓人刻骨銘心,也反映出目前投資者正遇到大好機會。實用的無人駕駛計程車,將與改裝過的貨車與卡車車隊一起上路;拖拉機和推土機已經自動化一個世代了,軟體的改進將會為這些產品增值。

　　當你們讀到〈第八章〉時,會得知機器人和區塊鏈將削減數十億美元的監管膨脹,以及前瞻性銀行、經紀人與保險公司的總人數。軟體機器人的進展在大大改造許多公司的商業模式,衍生的影響尚未從股價充分反映出來。

　　2015年時,在DARPA機器人學挑戰賽上,兩足機器人好不容易完成簡單的任務,評論家啞然失笑。他們看著成堆的鋁、銅線和感測器,推測這些機器人必須徹底重新設計才能解決問題。但他們忽略了一點,這是軟體的挑戰。機器人的未來將大放異彩。

始於「專利9,785,911」的機器人革命

觀察指標 ▶ IAM 與安川電機

　　2017年十月十日，美國專利號9,785,911促使機器人革命展開最新階段。這項專利授予位於匹茲堡的新創企業 **IAM Robotics（IAM）**，用於Swift解決方案套件的系統和方法——IAM開發出全球第一個自動化的倉庫機器人Swift，其設計宗旨是讓機器人挑選產品，並把產品放到主人指定的地方。

　　Swift是工程學的里程碑，也是勞工的試金石。對投資人來說，這可能是一代人的機遇。工業機器人已經是製造業生產力的關鍵。巨大的機械臂點焊、衝壓金屬，以及協助工人將笨重的材料移到準確的位置上；在倉庫裡，小型機器人拖著沉重的零件架，在混凝土地面快速移動，協助工人完成顧客的訂單。

　　Swift是一種進化。意味著從此不再需要工人了。作為套件的一部分，包括IAM Flash、3D物品掃描器與車隊管理軟體SwiftLink。當它們共同運作時，Swift能操縱未經修改的設定，找到物品，並將物品放入箱子。正如其

名[2]，Swift執行這些任務的速度是人類的兩倍。

　　Swift已經在紐約的藥物批發商運作。2014年時，綽號叫亞當（Adam）的概念機器人，開始在羅契斯特藥物合作企業（Rochester Drug Cooperative）占地一萬九千平方英尺的倉庫巡行。它的系統能掃描，並以數位的方式為擱置物品重新標價，在二十四小時內不停運作。亞當已經進化成勤快的機器人Swift，它擁有可熱插拔的電池，也能連續工作十個小時，速度快到讓人類跟不上。

　　Swift機器人能識別物品，以抽吸臂抓住物品，再將物品扔進加工箱或放回架子上，速度之快超乎人類的想像——速度是機器人革命不可或缺的要素。

　　中國最大的電子商務公司**阿里巴巴集團（股票代號：BABA）**執行長馬雲，在2017年六月接受《CNBC》的採訪時表示，自動化意味著勞工未來每周可能只需要花十六個小時工作。他預測，這會為旅遊業和觀光服務業創造巨大商機。他還警告說，到時候可能會民不聊生。民粹主義會抬頭，政府也要面臨重建社會安全體系的壓力，因為失業人數會以猝不及防的速度暴增。即便IAM是私營企業，

2　英文單字「swift」有「快速的」意思。

但還有很多方式可投資正在進行的下一個工業革命。

舉例來說，**安川電機（Yasukawa Electric Corp）**就是一檔值的關注的標的。該公司最初是煤礦業的馬達供應商，而如今它的工業機器人已主導世界各地的工廠，承擔電弧焊、上漆和組裝等任務。我之後還會再提到這間公司。

機器人學是工業4.0的根本。工業4.0是涵蓋自動化、雲端、認知運算和物聯網的商業術語。機器人學會越演越烈。頂尖產業研究機構波士頓諮詢公司（BCG）估計，這將會是數兆美元的契機，製造業的每一個面向都必須努力適應，在該機構的「未來工廠白皮書」中，鉅細靡遺的預測這些變化。

隨著物理世界數位化，所有生產與服務過程都會轉型。未來的工廠與倉庫也會與數據蒐集有關，提高生產力的新潮流即將來臨。

無人工廠：製造業的終極戰艦
觀 察 指 標 ▶ 馬斯克與特斯拉

馬斯克對「提高生產力」一事很執著。2016年九月，**特斯拉（股票代號：TSLA）**的創辦人兼執行長馬斯克致

信股東，承諾下一代機器人投資會讓特斯拉的生產線在兩年內增速二十倍——達到每月兩萬輛車子。直到2018年三月，入門級Model 3的產量已達到每周兩千輛，包括傳統的Model S和X型號在內，這家位於加州費利蒙的工廠每周可以生產三千五百輛電動車。

馬斯克把自己方才成立不久的公司命運押在機器人身上，而且業務蒸蒸日上，即便評論家認為這仍有不足之處。特斯拉是頗有爭議的公司，況且馬斯克已經是近似於巴納姆（P.T. Barnum）[3]的人物了——他的承諾多半沒有兌現。儘管特斯拉的產量有所進展，但若想獲利，每年必須交付四十萬輛汽車。目前為止，該公司的勞工不曾有過十萬輛以上的年產量。

只不過，馬斯克的想法跳脫勞工的框架。我們迎接的是全面自動化的未來。在鍍金時代（Gilded Age）[4]，生產線改變了工業生產，但現在是「新鍍金時代」，一切皆與資訊科技有關：智慧軟體、感測器，以及極其精確又移動迅速的機器人學。這些技術有望在生產方面一瞬千里。人

3　美國馬戲團經紀人兼演出者，以奢侈廣告與怪異展品聞名於世。
4　意指1870年代到1900年，當時的美國正處於經濟發展突飛猛進的時期，並奠定重工業發展的根基。

類，尤其是那些從事拴緊螺栓或搬移金屬製品之類的工作者，都變得多餘了。

這並非在撰寫科幻小說。馬斯克曾經是推銷員，他現在為不受人類生理限制束縛的工廠制定大計畫。馬斯克在特斯拉2016年七月發布的企業使命宣言中，寫下自己的頓悟：他要把工廠變成一台機器。他甚至幫這個機器取了一個很酷的名字，叫做「外星人戰艦」（Alien Dreadnought），一種能製造機器的機器。

根據他的計算，「外星人戰艦3.0」的版本能將產量提高五倍至十倍，這還需要幾年的時間。然而，直到2018年中期，他還在開發0.5的版本。一切從Model 3的最初生產開始起步。馬斯克承諾1.0版本會在2019年推出，屆時新的機器人設備將會投入生產。

2016年十一月，特斯拉收購德國自動化專家戈珞曼工程公司（Grohmann Engineering）。從那個時候開始，該公司就持續使用先進的設備。增加到兩千輛Model 3是此策略開花結果的第一個證據。這家位於費利蒙的車廠擁有五百八十隻巨大的機械臂，技術顯然非常先進。龐大的機械臂挑戰人類的極限，從2012至2016年十一月，車廠的產量成長400％。勞工——也就是人類，對這種失控的

節奏怨聲載道。

更新後的「外星人戰艦」能彌補人類的弱點。機器人的移動速度如此之快，效率如此之高，以至於人類待在工廠沒有安全保障。只有幾名人類工程師會在場——他們只負責監督生產。這將是 1992 年豐田推出「即時化生產技術」（just in time）[5] 策略以來，汽車製造業首次出現重大進展。豐田當時的策略前提，是以最少的浪費與最大的自動化按需生產汽車。

自動化和尖端機器人學都在提升品質。有了更強大的運算能力、數據分析和先進的建模軟體，大多數的結果都可以預先確定。這是一場嶄新的工業革命，會為投資人帶來意想不到的獲利和無限新機遇。「外星人戰艦」是第一步，它淘汰了多數人類，至少在理論上能大幅提高產量。機器人工程會是生產的唯一權威——原料從一端進入工廠，而成品會從另一端出現。

外界很容易看衰馬斯克。汽車工廠已堆滿精密的機器。機器人學產業協會估計，目前有二十六萬五千個機器人在美國工廠服務。普遍的共識皆認為，所有潛在的效率

5　一種生產管理的方法學，藉由減少生產過程中的庫存與相關附帶成本，改善商業投資回報。

都已發揮出來了。但另一方面，雄心勃勃且才華橫溢的馬斯克，不顧一切地想馬上取得成效。他提出一個可行的「超迴路列車」（Hyperloop）[6]計畫——讓乘客以每小時七百六十英里的高速穿越真空管。他的火箭公司能將衛星送到軌道，再精準地將衛星送返地球；他的電動車既安全又環保，還會讓藍寶堅尼相形見絀⋯⋯馬斯克習慣做大多數人認為不可能的事。如果他能成功製造出「外星人戰艦」，製造業的面貌將從此改變。投資人有機會藉由買進相關的標的來參與其成長，以下我將舉出四個案例。

案例1：安川電機——日本製造的工業機器人

早在馬斯克的「外星人戰艦」出現之前，日本工程師就夢想建造一座終極無名工廠。

安川電機（股票代號：YASKY）是一家日本公司，在1915年由著名的武士之子安川敬一郎成立。最初它是一家為煤礦業提供工業馬達的公司，多年來已成為業界權威。1958年時，安川電機的工程師打造出先進的直流伺服馬達。由於大獲成功，他們設想出「無人工廠」的點子，

---

6 高速運輸系統概念的總稱，運送艙行駛於幾乎真空狀態的管道，以電磁懸浮原理推動運送艙高速前進。

工廠的馬達會不眠不休地持續生產，而人類勞工只負責監督。進軍無人工廠的雄心還催生了其他創新方法。

該公司於1969年引進機電整合設備，當時的想法是把馬達和機械融合在一起，這促使世界上第一個通用電晶體交流電驅動器問世——安川電機著名的現代機器人Motoman也隨之誕生。

到了1990年，安川電機開設世界上第一間靠自動化機器人建造其他自動化機器人的工廠。該公司位於北九州市總部的第一家工廠，至今仍然在生產輕型機器人和重型電弧焊機，為了與它悠久的歷史保持一致，兩者皆名為Motoman。

如今，Motoman機器人在世界各地的工廠、倉庫、無塵室和實驗室都很受歡迎。Motoman MPX 3500在汽車製造業處理高性能的上漆任務；CSDA 10則應用於化妝品與生物醫學業；MotoSense是輕製造業首選的雷射焊接切割機；而GP系列的機器人遍布於亞洲的半導體實驗室。

安川才剛起步。更強大的網路、穩健的雲端運算基礎設施，以及數百萬個感測器，正準備改造該公司的核心業務。隨著工業4.0計畫的推動，Motoman機器人會取得即時分析與人工智慧技術。他們會變得更高檔、更耐用、更

快速。就像前述那位身價600萬美元的男子，找不到半點人類的缺陷。

Georg Fischer Fittings是奧地利的金屬製造商，它每年生產一萬兩千兩百噸可鍛製配件，出口到歐盟和瑞士。其中，螺紋鑄鐵蓋的製造由四個Motoman機器人、一個Motoman DX200控制器系統、附六個攝像頭的相機系統，以及MotoPlus軟體開發套件介面組成。這些金屬配件在輸送帶上移動，相機系統會掃描它們的缺陷，然後交由機器人分類並送入轉向台。配件經過加工和刻上螺紋後，會再進行一次缺陷掃描。最後，成品就會分裝到箱子裡。

每二十秒生產四個製成配件，沒有人類參與整個過程，機器人可以在一小時內重新裝備。感測器將數據提供給軟體SDK，繼而驅動Motoman。一切同步進行，從而提高生產力並減少浪費。

機器人學和工業4.0的應用沒有盡頭。安川電機計畫要擴大智慧型機器人帝國，以照顧老年人和尋找新藥。經過多次失敗的嘗試，製造商終於開始看到智慧型機器的價值主張了。2016年十一月時，研究顧問公司IDC估計，到了2020年，有40％的商用機器人會連接到共享智慧網路，進而促使企業營運效率提升200％。

安川電機是產業先鋒,其股價在2018年初達到高峰,然後隨著日本商業環境緊縮,股價在夏季拉回50%。然而,一旦股價穩定下來,他們應該會在智慧型機器人學的趨勢上押上大注。

案例2:Mazor Robotics——脊椎手術導航系統

在科幻電影中,外科手術總是由機器人來完成。科學部分依然是正確的,但幻想已不復存在了——手術機器人就在地球上。

以色列醫療機器人製造商**Mazor Robotics(股票代號:MZOR)**生產的手術機器人,需要眼見為憑。該公司的脊椎手術導航系統Mazor X平台,結合數據分析、3D成像和尖端機器人學,幫助外科醫生以卓越的精確度完成最精細的脊椎與腦部手術程序。如今,現有用戶群正在激增,重要的夥伴關係也逐漸走上正軌。

這家公司由以色列理工學院機械工程學教授索厄姆(Moshe Shoham)和科技公司Elscint的前工程副總裁澤哈維(Eli Zehavi)於2001年成立。三年後,他們建立了第一個脊椎手術的商用指導系統SpineAssist。早期的成功,吸引到大型醫療設備公司**美敦力(Medtronic,股票代**

號：MDT）的注意。

　　然而，Mazor Robotics目前的平台又比早期設備領先數個光年——2011年研發的文藝復興（Renaissance）手術指導系統，將機器人手術的保障提升到另一個層次——整合的3D相機可以透過空間追蹤的方式，繪製操作前的表面與周圍區域；使用3D標記拍攝的透視圖像可以建構出手術計畫；複雜的演算法可以控制機械手臂，精確地翻譯手術計畫。這一切似乎都是來自一個瘋狂高效的未來。

　　業界注意到這一點。在美敦力的協助下，Mazor在全球四大洲安裝了一百七十個設備。外科醫生已幫助兩萬七千名病患，並精準放置十九萬個醫療螺釘與其他植入管。該公司在2017年八月的投資人簡報中指出，預計在2017會計年度，光是在美國就有將近五千個程式與一百一十三個設備。這些數字代表它在2016年成長了52％。

　　與美敦力的第二階段交易，將為它帶來獨占的全球銷售與技術支援，以及年度最低目標和競業競止的承諾。這是美敦力、Mazor和手術室的勝利。它的醫療機械平台減少醫生徒手操作手術的障礙和失敗率，在現代醫學的高風險領域省下時間和金錢，同時也是容易賣出的產品。

　　Mazor的股東也應該得到回報。隨著與美敦力進入第

二階段交易，員工與行銷的成本將轉移到更大的公司。
Mazor認為這會讓營業費用占銷售額的比例從2016年的
124％下降到2020年的45％。該公司的營業額一直都很穩
定，截至2017會計年度，它的銷售額達到2億3,300萬美
元，比2016年成長67％，是2013年的三倍。

操作建議

Mazor Robotics 的股價已經開始反映出強勁成長和巨大潛力。
Mazor X 是同類產品中的領先機器人學平台。設備和服務的病
人數量穩定上升。隨著合作夥伴美敦力尋求更多市場滲透率，
這些趨勢應該會加速前進。2016年時，其股價上漲115％，緊
隨其後是 2017年135％的收益。追根究柢，這就是複雜手術未
來的模樣，就猶如科幻電影中的場景。

案例3：直覺手術公司──達文西機器人手術系統

直覺手術公司（股票代號：ISRG）從非常簡單的計
畫開始：藉由聰明敏捷的機器人，降低外科手術的侵入
性。在1995年的時候，這個概念似乎還有點牽強。史丹
佛研究院的研究人員多年來一直在討論這個概念。他們與
美軍簽約，大方向是研發名為SRI的「遠程手術系統」。
理論上，外科醫生可以在任何地方挽救受傷士兵的性命。

直到1994年，「SRI系統」引起醫療儀器製造商Guidant的高層主管摩爾（Frederic Moll）注意。這家位於印第安納波利斯的公司，製造一系列修復堵塞動脈的小型金屬線、醫療氣球和導管，深受業界青睞。這些裝置比執行心臟手術更具成本效益，侵入性更小。但是對摩爾來說，SRI系統與其說是技術奇蹟，不如說是另一種降低手術侵入性的解決方案。

　　摩爾制定一項商業計畫，向Guidant公司的經營者極力推薦這個產品，結果吃了閉門羹。1995年，摩爾遇到弗朗德（John Freund）和楊格（Robert Younge），他們都是Acuson公司的資深員工，該公司曾開發出第一個完全電腦化的醫療超音波系統。這三個人一拍即合，弗朗德迅速針對收購SRI系統的專利進行談判。緊接是商業計畫，三個人開始籌集種子資金──直覺手術公司就此誕生。

　　五年之後，該公司在2000年首次公開募股，共籌集到4,600萬美元。同年，FDA允許直覺手術公司的機器人手術系統（即現今的「達文西系統」），用於一般腹腔鏡手術。2001年時，達文西系統才得以進行前列腺癌手術。從那個時候開始，摩爾離開公司，達文西系統卻成為機器人手術的表率。如今，該系統用於許多心臟與婦科手術。

它的賣點是手術切口的大小，與傳統手術相比，達文西系統的侵入性小了非常多。

隨著資訊科技的進步，該公司獲益匪淺。達文西系統已成為一個連結平台，外科醫生在這個平台上使用最先進的工具磨練技能。它甚至還有虛擬實境模擬器。平台中的Endowrist儀器，是與四隻機械手臂相連的全自動「手腕」，共有七種等級的動作設計，能運作自如地夾緊、切割、凝固、解剖、縫合和操縱組織，精細度遠遠超越人類的手。達文西軟體靠預測分析持續自動校正震顫，同時準確翻譯外科醫生的手勢。

該公司聲稱，每隔三十六秒，在世界的某個角落就能看到達文西系統在輔助外科醫生提高手術效率。截至2017年底，共有超過五百萬名病患、四萬三千名訓練有素的外科醫生因此受惠，在各地的頂尖醫院，已全面安裝四千九百八十九個達文西系統，它們被用於癌症、婦科、胃腸科和泌尿科等手術。

直覺手術公司擁有兩千七百項專利，另有一千九百項在待審當中。該公司每次安裝產品，還可獲得高達17萬美元的經常性服務收入，以及每次使用的3,200美元收入；2017年分別達到5億7,300萬美元和16億4,000萬美元，

占其銷售額的71％，可謂生意興隆。該公司也持續在展望未來。除了機器人學，它還對人工智慧進行重大的研發投資，以確保不會受到其他希望將自動化或遠距手術帶給大眾的新創企業衝擊。

操作建議

> **直覺手術公司**正處在發展快速的領域，管理舉足輕重的特許經銷權。2017年時，它的銷售額成長15.8％，達到31億美元，而它在歐洲與亞洲的市場滲透率還在起步階段。若以四倍的銷售額計算，該公司的股票並不便宜，但它仍在快速成長中，建議投資人可以在股價拉回時買進。

案例4：JBT科技公司——無所不在的食品機器人學

　　你們可能從來沒有仔細想過包裝餅乾、真空密封肉類、罐裝汽水、果汁和蔬菜所需的機器設備。幹嘛要思考這件事呢？包裝似乎微不足道。

　　JBT科技公司（股票代號：JBT） 在食品業的各個面向都是機器人學的主力。除此之外，該公司透過機器製造包裝餅乾、真空密封肉類、罐裝汽水、果汁和蔬菜……當各大食品公司要打造新工廠時，就會打電話給JBT。

　　JBT和食品業者的關係密切。為了提高生產力，傳統

工廠必須仰賴智慧技術為其進行改造。物聯網革命正在上演，JBT已準備就緒。市場研究機構 BI Intelligence 估計，物聯網設備的數量將從2015年的2億3,700萬部，成長至2020年的9億2,300萬部以上。根據《商業內幕》的報導，到了2020年，全球製造商為了追蹤資產、整合控制結構和實施改善預測性保養的數據分析，花費應高達2,670億美元。

JBT的管理部門幾年前就已洞燭先機。該公司與金寶湯（Campbell Soup）、可口可樂、都樂食品（Dole Foods）、通用磨坊（General Mills）、愛閣食品（AgroSuper SA）、Florida Natural Growers 等食品業者合作，這令它處於有利位置。

JBT積極投資研發。2016年時，該公司擴大30％的投資規模，總裁兼執行長賈科米尼（Thomas Giacomini）表示，這筆錢花得很值得。更有智慧的機器象徵更高的產量和更短的停機時間，同時也象徵「為客戶追求利潤最大化」。好處不只這些。世界上成長最快的地區是亞洲。尤其是中國，他們急著用最先進的設備讓工廠升級。在食品加工方面，JBT是唯一一家有規模的公司，它持續建立新的創新中心和顧客拓展計畫。

此外，JBT也投資了自動導引車，它正努力透過物聯網感測器和軟體，讓所有的機器變得更有智慧。按照賈科米尼的說法，勢必會有所進展。JBT的機器還能在倉庫迅速有力地移動；從水果和蔬菜萃取果汁；真空密封肉類；密封罐頭；烹煮、塗抹、冷凍和控制加工食品的分量。它讓機器和作業流程都變得更有智慧，在商業方面頗具重大意義。

「這意味我們能夠主動識別與診斷問題、提高產量、吞吐量和正常運行時間，為客戶實現利潤最大化。」賈科米尼在電話會議上告訴分析師。然而，讓倉庫與食品加工廠自動化，其實不完全具有革命性——JBT與競爭對手的區別，主要在於它的規模。

JBT在食品業的各個面向皆占有主導地位，並不斷尋求新技術，近期它還收購Cooling and Applied Technologies和Tipper Tie兩家公司，以加強了它在家禽加工與食品包裝的領先地位。

研究顧問公司IDC預測，到了2019年時，全球用於機器人學的支出會增加至1,350億美元，新發展的部分多半是離散與流程式製造業。預計亞太地區將占機器人學支出的65％。這當然符合JBT的策略。賈科米尼認為，不

斷壯大的亞洲中產階級將尋求更有附加價值的食品。為了做好準備，JBT在亞洲擴大團隊規模，並在中國開設創新中心，積極吸引潛在客戶。同時，該公司期待2017年的強勁業績──營收預期將成長15％，其中內部成長為3％至5％，來自收購的部分為11％。

領先的食品加工公司才剛剛開始利用數位時代的工具，對工廠和設備進行現代化改造。JBT是該領域最優秀的專工企業之一。

操作建議

安川電機、Mazor Robotics、直覺手術公司和 JBT 都不是屬於那種家喻戶曉的企業，但卻是關鍵的利基型企業。他們不但在工業、醫療和食品加工領域是佼佼者，而且設備都已連上網路，更善加利用先進的數據分析與人工智慧技術。他們都有可觀的專利組合，進而賦予公司定價的權力，這讓他們遠遠領先其他競爭對手，投資人可以密切關注他們的動態。

8/

區塊鏈：
信任與透明度的革命

快速掃描

今天，區塊鏈距離不起眼的比特幣根源還有很長一段路要走。全世界的軟體開發商都在努力將分散式帳本系統導入銀行業、運輸業，甚至是日益嚴重的難民問題。

區塊鏈對大多數受經銷商和騙子困擾的行業而言，是備受青睞的解決方案。作為一項技術，它的前程遠大。開發商看到的是它堅如磐石的系統，基於傳統系統無法跨越的因素而窒礙難行——區塊鏈擁有分散式信任的機制。

另一方面，無政府主義者看見的區塊鏈是一條擺脫困境的出路；銀行業者看見的則是減少的第三方費用。各適其所。

持股建議：微軟（股票代號：**MSFT**）和思科系統（**Cisco Systems**，股票代號：**CSCO**）並不完全是嶄露頭角的新興公司，但曾幾何時，他們都已成為世界上最有價值的公司。他們在區塊鏈扮演的角色，出自於比大型同業更早掌握先機。區塊鏈這個領域還很新，卻很了不起。微軟和思科已經確定立足點，成為最大財團的技術合作夥伴，這是強大的競爭優勢。

銀行家也好，無政府主義者也罷，區塊鏈能集結三教九流。另一方面，旨在打擊詐騙並削弱全球精英力量的系統，即將吸引大批信徒。作為技術的區塊鏈，是箇中翹楚。

在這個章節，我會說明運行比特幣的基本分類帳系統如何成為大眾的靈丹妙藥，以及討論其固有優勢，並介紹許多扣人心弦、開發中的應用程式與新型商業模式。我也會介紹兩家發展成熟的企業，他們注定能從中得利。

一個分散式的信任架構
觀 察 指 標 ▶ 區塊鏈的革命潛力

很快地，數千億個事物會在網路上產生連結。窮凶極惡的駭客滿懷期待。這聽起來很危險，但別太擔心。身為「白帽駭客」（White Hat）[1] 的網路架構師也在精心策畫，他們計畫用一種稱作「區塊鏈」的技術阻撓其他駭客。

在超連結的早期階段，將感測器附加到大型雲端型網路非常昂貴，但卻很值得。網路使用者和顧客持續監控噴

---

1 意指破解程式做良性修改的駭客，目的是增強程式和發現安全漏洞。

射發動機和執行智慧儀表系統，以追蹤工廠的耗電量與用水量，從中獲得巨大回報。這本來是雙贏的局面，後來卻發生轉變，罪魁禍首便是「信任」。網路使用者怎麼確定顧客的寶貴資料沒有受到損害呢？

2014年初，IBM選擇走一條新路徑，它計畫讓顧客放棄生態系統與數據的部分控制權，以換取信任。這個新型模式包括區塊鏈，它是一種跳過第三方中介、點對點（peer-to-peer）運算的開放式分類帳本系統。雖然客戶對更廣泛的信任概念很感興趣，但他們也不願放棄控制數據，特別是對於一個源自於備受詬病的加密貨幣（稱為比特幣）的分類帳本。

區塊鏈的優勢在於它的透明度，因為它的永久記錄不會遭到清除或竄改，每位參與者都能隨時知道發生什麼事。透過分散式共識機制，集體驗證而不需要可信的第三方，譬如銀行、保險公司和律師等。這個好處顯而易見。按理說，區塊鏈甚至能消除詐騙的可能性，具成本效益且順暢易行。此外，由於區塊鏈分散、加密，沒有實體能對系統加以控制，使區塊鏈有無限可擴展性與前瞻性。

天底下哪有這麼好的事呢？但這是事實。理論上是這樣。想像一下，世上的智慧型設備，在運作時皆成為區塊

鏈的參與者──分散式共識機制允許這些智慧型設備，獨立且安全地完成與仰賴區塊鏈生存的其他實體之自利交易。智慧型電視能接受製造商的軟體更新，基礎是在區塊鏈驗證交易；自動駕駛汽車能檢視故障、安排時間進廠維修，甚至還能獨立支付維修費；自動販賣機能監控庫存，並招標換貨。一切自動運作。

優點不一而足。互聯網家電設備可以相互接合，以確定最佳的使用計畫，盡量降低電費。這些繁複的操作，皆由許多大型鏈的小型完整交易區塊執行。最棒的部分是，駭客不可能進行干預，因為惡意程式碼無法在區塊鏈上被驗證。

這種新世界的秩序，自然有一些障礙。區塊鏈的透明、去信任（trustless）與固有的低成本特性，代表傳統的第三方中介者及其必要的高額費用皆會被排除在外。因此區塊鏈對律師、銀行家和會計師並不利。

另外還有運算成本的問題，「去中心化」代表需要許多電腦來驗證交易，維修這些電腦的成本必須具有功能性價值。但這些不足掛齒。區塊鏈是針對固有信任問題的解決辦法，具有獨特的透明度和分散的特性。

區塊鏈從哪裡來？往哪裡去？

觀察指標 ▶ 金融業的態度與角色

　　要完全理解區塊鏈及其重要性，你們就必須瞭解它的由來和走向。比特幣是最著名的加密貨幣，於2008年問世。當時，一篇以「中本聰」（Satoshi Nakamoto）這個化名所撰寫的白皮書，出現在某個密碼學的郵寄清單中。而他所提到好點子，是利用加密技術建立更適用的電子支付系統。

　　中本聰的想法很合理。基礎代碼是完全開源的，分散式帳本系統（即區塊鏈）具有透明度和永久性。作為維護帳本的獎勵，硬幣能透過電腦輔助加密技術「開採」出來，而點對點的網路結構意味著匿名、非中央集權。2009年一月時，第一批五十枚硬幣被開採出來了。

　　比特幣在重要的歷史時刻問世。當時，金融危機席捲全球，股價指數暴跌，華爾街的機構紛紛倒閉。作為一種「價值貯藏」的手段，人們對傳統法定貨幣的信心似乎比近代歷史上任何時刻都要更加脆弱。比特幣帶來不容變更的規則，也帶來交易透明度。當時，談到央行機關的不穩定性，比特幣似乎是理想的對策。大多數人認為自己賺的

錢、存下來的錢與投資的錢皆有強勢貨幣支持，比如黃金。實際上，紙幣的供給量是沒有底線的。

紙幣之所以有「價值」，是因為有發行它的政府支持。相較之下，比特幣的上限是兩千一百萬枚，不能複製、操縱或偽造，因為它是完全透明的區塊鏈產物。沒有政黨或政府能控制比特幣。它是分散式、去信任的共識機制。在這樣的背景下，比特幣作為貯藏手段的內在價值變得更加清晰。

2017 年時，加密貨幣投資成為主流。當年，比特幣的價格提升至 1 萬 3,286 美元，是去年同期的十三倍。這種力量引發替代性貨幣與公眾的關注。在幕後，金融服務 IT 開發商想知道中本聰是如何做到這一點的。先撇開比特幣不談：以區塊鏈為基礎，一群兼職的駭客設法拼湊出一個穩健、可擴展、加密的支付基礎設施，消除對金融中介人的需求。儘管金融服務業每年在 IT 方面的支出，總額達 5 億美元，要實現這個目標還差得遠。

門戶洞開。全球各地的新創企業都開始發展區塊鏈，形成了一個生態系統。2015 年九月時，九家金融企業聯盟組成 R3 公司；兩周後，又有十三家公司加入。截至 2018 年三月，成員擴展至兩百多家銀行、金融機構、監

管機構和開發商組成的網絡。

2017年三月，企業以太坊聯盟（EEA）成立，旨在結合開發商、學者、技術供應商和「財星五百強」企業，共同致力於以太坊區塊鏈，即原始比特幣的分叉版本。以太坊的特別之處，在於它的「智慧型合約」——即一種微型電腦程式，可以內建到以太坊區塊鏈中，這些代碼允許個人、機器和軟體代碼進入和完成交易，也意味著合約永遠是分散式帳本的一部分，使它們變得更透明。

2018年三月，大型保險經紀人公司**威達信集團**（**Marsh & McLennan**）加入企業以太坊聯盟，使聯盟的公司總數超過四百家。每周有更多的公司加入。這股熱潮的部分原因，是基於對未來的擔心，還有對未來抱持的興奮之情——他們還無法預料區塊鏈擁有什麼潛力。

海上的區塊鏈
觀察指標 ▶ 快桅集團

索馬利亞海盜、柳橙、鳳梨和中國的豬肉，有什麼共同之處呢？答案是，它們全都站在有望改變供應鏈的新技術浪頭上。

2018年一月，IBM和全球最大的海運公司**快桅集團**（**Maersk，股票代號：MAERSK-B**）宣布，他們會利用區塊鏈改善貨物追蹤，以及減少詐騙和產品在港口停留的時間。區塊鏈帶來透明度，參與者能即時看到整個供應鏈端到端的情況。所有窺探的目光和加密，意味著不能被篡改或輕易刪除交易。

理論上，這萬無一失。「我覺得像是靈光乍現一般。這並不完全是數位支付，而是建立整體交易的信任，」IBM的研究主管奎許納（Arvind Krishna）向《紐約時報》透露說，「這是能夠改變世界的技術。」

目前為止，區塊鏈的焦點被放在精簡繁文縟節和減少詐騙。以快桅集團為例，這項任務相當艱巨。該公司每年運送數百萬個矩形貨櫃到世界各地，每個貨櫃都要經過多達三十個不同海關、稅務和醫療機構處理的書面記錄。一份丟失的文件，就可能導致整艘滿載數千個貨櫃的船在港口滯留數天。快桅表示，五分之一的運輸成本全然是繁文縟節，潛在的節省費用是數十億美元。

另外還有詐騙問題。儘管北非依然充斥著真正以航海為業的索馬利亞海盜，但許多海盜已躋身為白領階級。「提單」是託運人用來證明產品交付的法定憑證，不幸的

是，提單也是整個供應鏈最常被篡改和複製的單據。偽造的單據可能會導致貨物遭竊和被假冒，導致數十億美元的損失，而區塊鏈和數位化能降低或消除這種可能性——所有單據都是鏈的一部分，未經整個網路一致同意，沒有人能刪除或更改記錄。唯一的間接解決辦法是侵入系統，但先進的加密技術讓資料被駭的機會微乎其微。

沃爾瑪（股票代號：WMT）是試驗IBM區塊鏈的四百名客戶之一。2017年十月，該公司開始使用開源軟體來追蹤整條中國豬肉的供應鏈——從供應商到加工商、分銷商、雜貨商，再到消費者，「凡走過必留下痕跡」。

快桅宣稱，透過區塊鏈的技術，他們已成功試驗追蹤從加州運來的柳橙，以及從哥倫比亞運往荷蘭鹿特丹的鳳梨。根據國際航運公會（ICS）的報告指出，世界貿易的90％是由國際航運業承擔，每天有五萬多艘船在海上航行，時時象徵著一百五十個國家。換言之，區塊鏈的潛在影響力甚是巨大。

理論上，開發商可以使用區塊鏈對每筆交易進行數位簽章，如此便能消除對信任的需要，以及對無數中介者的需要。這將大幅降低運輸成本，而這些省下來的錢將可以促進全球經濟成長。

難民的區塊鏈
觀察指標 ▶ 微軟與埃森哲

　　直到2030年，聯合國希望地球上的每個人都能擁有數位身分，這是一項艱鉅的任務。多年來，**微軟**和全球最大的管理顧問公司**埃森哲**持續在修改區塊鏈計畫。他們迄今仍對金融技術感興趣。如今，他們已經擁有一個宏偉的原型，可以為全球共約十一億無法提出身分證明的人，提供他們每人一個數位區塊鏈身分證。

　　這些人約占全球人口的六分之一，他們生活在社會的邊緣地帶，因此也被排除在眾多社會、政治、經濟、教育和健康計畫之外。安全、快速和彈性的區塊鏈也許是讓這些人融入國際社會的解決方案。這也是投資人不容錯過的好機會──證明數十億身陷水深火熱的人，能讓區塊鏈技術在世界舞台亮相，也能使新平台合法化，並開啟新的應用案例。

　　銀行業者明白這一點。這就是為什麼他們會競相投資區塊鏈平台的原因，他們看到消除成本高昂的後勤作業之潛力，也看到低延遲交易、減少交易對手風險的優點。這是銀行業者的樂園：利潤更豐厚，騙局及攪亂文件的人變

得更少。

諷刺的是，同樣的技術或許也能解決難民及其收容國面臨的無數問題。因戰爭或天災而被迫離開家園的難民，往往在抵達難民營時，身上除了衣服之外已一無所有。難民缺乏足夠的身分證明文件，這讓他們很難展開新生活；難民沒有統一的身份證，救援人員很難公正地提供合乎需要的服務。

為了解決這個問題，埃森哲和微軟聯手打造一個網路平台ID2020，利用區塊鏈及生物辨識技術的數位ID網路，解決難民缺乏官方身分識別文件的問題。這項計畫會利用安全的資料庫，儲存匿名蒐集的生物辨識技術數據，例如指紋、虹膜和臉部掃描。然後，區塊鏈會將每個人的數據連結到獨一無二的標識符，當大家接受醫療保健等服務時，數位身分就會蒐集與標識符相關的數位標記。

對所有參與者而言，這是皆大歡喜的局面：難民擁有可靠的個人身分記錄；收容國能在不同地點提供可靠的服務帳戶；埃森哲得以展示自家的生物辨識軟體平台；微軟則能大力宣傳其龐大雲端運算平台Azure Cloud的靈活性和可擴展性。

此外，還有許多關於區塊鏈的口碑。國際會計師事務

所普華永道（PwC）稱區塊鏈完全透明的分散式帳本，是千載難逢的機會。在2016年的研究報告中，普華永道強調新一代低延遲、能夠自動執行的智慧金融合約，在節省成本方面令人歎為觀止，這些工具確實能淘汰傳統第三方的中介者。

麻省理工學院講師、IBM早期的運算技術專家柏格（Irving Wladawsky-Berger）看得更遠，他稱區塊鏈是網際網路發展的「關鍵下一步」。他指出，就算網路再偉大，但要在網路上進行商業活動還是需要堅定不移的信心。舉例來說，人們可以輕易地在亞馬遜網站上找到心儀的商品，但是在輸入信用卡資訊的時候，就代表你信任這些資訊不會被第三方截取——線上零售商會保護它的安全。安全和透明度的特性，讓區塊鏈克服這些限制。

基於上述這些讚揚，你可能會認為投資區塊鏈的人多不勝數，但事實並非如此。大多數的投資人反而都錯過這個絕佳機會，因為他們認為它太複雜、太深奧了。不過，區塊鏈的應用正如火如荼地進行中，並以各種方式動員起來，某些上市公司已建立重要的立足點。

埃森哲在打造龐大的區塊鏈平台，吸引所有金融服務領域的合作夥伴；**微軟**正把區塊鏈技術推向合理的極限，

將分散式帳本系統簡化為按服務收費；數位與物理世界正與區塊鏈的制衡機制結合在一起，這些都還只是冰山一角。生物技術、自然資源和軍事領域也存在應用區塊鏈的可能性，目前正是趁此概念發展的階段，也是增加投資部位的好時機。市場潛力不容小覷。

金融業的區塊鏈

觀察指標 ▶ 華爾街巨頭的解決方案

世界各地的銀行業都有遭受攻擊的危險，攻擊者並非由持槍的蒙面男子帶頭，而是由持有惡意程式碼的匿名駭客所發起。

銀行業的弱點，來自於歷史性的轉變。1973 年以前，全球的銀行之間都存在著溝通障礙——轉帳涉及無數通電話、電報訊息與挫折感。銀行業者需要控管整個過程，因而催生出「環球銀行金融電信協會」（SWIFT）的會員制訊息系統。

四十多年來，SWIFT 系統使全球銀行訊息系統標準化，讓金融機構快速、安全地轉移資金和信用狀，以及進行安全交易。2015 年時，SWIFT 在比利時和美國的數據

中心之外營運，在兩百個國家共有一萬一千多個會員機構，每天使用八個或十一個字元的程式碼發送兩千四百萬條訊息。儘管SWIFT沒有會員基金，但銀行業者開始依賴自動訊息系統，這無可非議。直到孟加拉央行發生網路搶劫案——竊賊侵入SWIFT系統，並洗劫會員銀行。

這起孟加拉搶劫案，在業界猶如當頭棒喝。2016年二月四日，駭客利用竊取的安全憑證，向紐約聯邦儲備銀行發送三十六次詐欺性轉帳請求。這家美國銀行接到指示，從孟加拉央行帳戶中匯了9億5,100萬美元給斯里蘭卡、菲律賓和亞洲其他地區的收款人。在電腦訊息顯示語法錯誤的當下，孟加拉央行設法阻止共計8億5,100萬美元的三十筆轉帳。後來，他們從斯里蘭卡追回2,000萬美元，另外有8,100萬美元則順利被匯到菲律賓。

2016年五月，網路竊賊再度襲擊一家越南銀行。這件事清楚地表明：針對SWIFT會員銀行精心策畫的洗劫行動展開了。在這兩起案件中，竊賊都偷走了會員銀行的SWIFT憑證，當他們看到錢被轉移到會員戶名持有的其他銀行後，他們就傳送詐欺性訊息，要求把錢轉回作案用的某個帳戶。他們使用惡意程式碼來掩飾自己的行蹤。在孟加拉的搶劫案中，竊賊傳送索求十多億美元的訊息，最

終獲得8,100萬美元並逃之夭夭。

　　這些情況不是特例。俄羅斯網路安全公司卡巴斯基實驗室（Kaspersky Lab）聲稱，國際刑警組織和其他機構預估過去兩年，俄羅斯、烏克蘭和中國的Carbanak網路犯罪集團，已從一百家金融機構中竊取超過10億美元。SWIFT的弱點，是人們呼籲用更強勁措施全面改革銀行體系的素材。諷刺的是，若要實現這個目標，就必須交出幾十年前各會員公司創建SWIFT時尋求的控制權。

　　銀行業者確信區塊鏈是杜絕詐騙情事解決方案。包括**高盛、摩根大通（J.P. Morgan）、花旗集團、富國銀行（Wells Fargo）和美國銀行（Bank of America）**在內的四十二家大型銀行，已經開始測試區塊鏈解決方案，其動機是大規模的經濟效益。這些銀行認為，區塊鏈每年能讓後勤成本節省200億美元，而打擊罪犯是額外的益處──區塊鏈會直接改善盈虧底線。銀行業者樂此不疲。

操作建議

埃森哲（股票代號：ACN）和微軟（股票代號：MSFT）是為銀行開發區塊鏈解決方案的龍頭企業。

案例1：Thought Machine——新一代銀行作業系統

兩名Google的前員工認為，他們的區塊鏈版本也可以修復銀行業。泰勒（Paul Taylor）和蒙哥馬利（Will Montgomery）在建構精密軟體方面的歷練深厚。泰勒曾在語音技術公司Phonetics Arts開發程式碼，Google於2010年收購這家公司，其轉型的根源仍在整個生態系統中逐步形成；蒙哥馬利則是讓Google商業引擎AdSense脫穎而出的其中一位工程師。

這兩個人共同組建了**Thought Machine**，並在過去兩年與五十名工程師組成的團隊為稱作「Vault OS」的平台效勞。Vault旨在藉由彈性執行且不會過時的區塊鏈，幫助銀行相互溝通。這個概念很簡單：基於區塊鏈的透明度，每個人隨時都能瞭解交易過程中的情況。所有這些帶有隱喻性的窺視和加密技術，應能消除詐騙的可能性，也能加快交易速度。

Vault與一般區塊鏈不同的地方在於集中化。論及大多數區塊鏈，沒有人能直接控制鏈。反之，交易是由若干不相關的電腦系統完成。Vault OS將留存在Thought Machine的雲端型伺服器網路中。

雖然對通常不願承擔風險的銀行業者來說，規避責任

有點冒險，但Thought Machine提供豐厚的回報。除了維持銀行對符合監管的要求之外，該公司還承諾會結束窘迫的IT混亂局面，也允許銀行提供個人化客戶產品的新功能。舉例來說，顧客能吩咐軟體建立貸款，在其他支出減少的情況下，會在幾個月內自動增加抵押貸款的付款。

Thought Machine將這個想法與運動品牌Nike的客製化鞋款服務NIKEiD進行比較，後者能讓顧客選擇訂製鞋的顏色和材料。泰勒和蒙哥馬利明白，讓銀行業者接受他們的方案，是一場艱苦的戰役。然而，考慮到風險，現在正是轉型的時候。

在1970年代，當金融服務業蜂擁撲向SWIFT訊息系統，幾乎沒有人能想像得到駭客會開發惡意軟體，劫掠數不清的數百萬美元。更少人相信會員公司會嘗試用非專利軟體來做出回應。對罪犯和試圖領先一步的人來說，這是一個需要勇敢探索的新大陸。

案例2：XAIN——保時捷導入區塊鏈的推手

一輛頂級的保時捷Panamera 4S Executive的稅前售價為14萬7,750美元。不久之後，這輛車的軟體將會由區塊鏈驅動。2017年二月，這家德國豪華跑車製造商表示，

它正與一家區塊鏈新創企業**XAIN**合作，為其高端車款引入分散式帳本系統。這麼做是有道理的，未來的汽車就像是附帶車輪的數據中心。區塊鏈平台可能是保持資訊安全的最佳管道，同時也可能帶來另類的新功能。

XAIN是由朗巴克（Leif-Nissen Lundbaek）創立，作為他倫敦帝國學院博士論文和牛津大學碩士企畫的後續目標。如今，他帶領一個由十七人組成的團隊，公司在柏林和倫敦設有辦事處。XAIN的工程師正在私有的以太坊區塊鏈上，建構一個人工智慧網路。

這聽起來很複雜，但本質上，XAIN就是透過人工智慧來檢測異常，使平台趨於穩定、耐用，並可擴展到車用領域。現代的高端汽車已經很複雜了，除了有高級輔助駕駛系統，能在駕駛人分心時自動煞停或自動轉向，還有與智慧型手機和衛星系統同步的複雜資訊娛樂套件。許多設備也持續連結網路進行監控。

這些特點都會產生大量的數位資料。當今，大多數的資訊都不安全，區塊鏈是補救之道，也是為未來車輛做好準備的途徑。未來的車輛能自動駕駛，且充滿目前看起來像是科幻小說中的功能。

XAIN為保時捷 Panamera 車款打造的測試版有許多創

新功能，除了能保護數據記錄，車主還能在遠端共享車輛密鑰或在線上查看安全存取記錄。車主可能會向聯邦快遞發送存取代碼，以便快遞員開啟後車廂和投遞包裹。或者，汽車共享服務可以發送虛擬密鑰給房東。在這兩種情況下，交易都是在區塊鏈上完成的，交易雙方幾乎能立即確認且永遠可追蹤。既安全、高效又划算。

XAIN的高層主管預測，區塊鏈技術未來會應用在驗證車輛軟體更新、自動駕駛與其他連結功能的數據中。

操作建議

> 上述這些區塊鏈方案也引起網路硬體先驅和業界巨頭——**思科（股票代號：CSCO）**的密切關注。作為「企業以太坊聯盟」的一分子，這家位於聖荷西的公司利用智慧型合約和區塊鏈，保護連結事物的網路。投資人應該善用這個產業的變化，在思科的股價拉回時買進是不錯的選擇。

案例3：微軟——區塊鏈的領頭羊

很難相信微軟是一家雲端運算公司。更讓人難以相信的是，微軟目前正積極推動在區塊鏈扮演領導角色的計畫，這項技術在十年前並不存在。

2017年中期時，這家位於雷德蒙德的技術巨擘，從

銷售盒裝軟體轉向提供雲端型解決方案，並為此解雇了數千名員工。對於過去負責將數據運算轉移到桌上型電腦的公司來說，這是具有諷刺意味的轉折。不過這行得通，因為雲端及其服務是未來趨勢。

2016年時，國際IT諮詢公司高德納預測，資訊科技的支出會向雲端轉移1兆美元。儘管微軟很早以前就欣然擁抱雲端，但在2014年時，納德拉（Satya Nadella）取代巴爾默（Steve Ballmer）擔任微軟執行長一職，更使得雲端成為微軟的未來趨勢。

直到2017年時，納德拉宣布裁員兩千八百五十人，其中有九百名盒裝軟體銷售人員遭到解雇，取而代之的是一千名有銷售雲端型產品經驗的員工。這個結果令人震驚。2017年一月，《彭博社》宣稱，微軟雲端運算業務Azure的銷售額幾乎翻了一倍；雲端型生產力套件Office 365的顧客已超過兩千五百萬名。微軟表示，直到2018年底，雲端業務的年營收將會達到200億美元。

微軟計畫提供比競爭對手亞馬遜AWS和Google更優質的雲端服務，從在Azure建構「區塊鏈即服務」（BaaS）開始。微軟一直忙於建構一站式方案應用程式，並與關鍵參與者結成聯盟。2017年時，該公司啟動了區塊鏈解決

方案市場，這是開源技術的一站式市場，需要將區塊鏈應用程式組裝在一起。開發商可以利用Corda、Hyperledger和以太坊的分散式分類帳，在幾分鐘內執行代碼。

2017年十一月，新加坡金融管理局與全球最大的金融區塊鏈聯盟R3合作，建立Azure區塊鏈，用於證券與支付結算。雖然該專案仍處於概念驗證階段，卻是邁向新加坡元（SGD）數位化的重要里程碑。新加坡普遍被認為是世界上最數位化的國家，它已制定全面建設智慧城市的計畫，而「代幣化貨幣」是未來方向的重要一環。

2017年六月，埃森哲、畢馬威會計事務所（KPMG），以及由印度銀行組成的財團，與Azure簽署了協議，其成員和BankChain聯盟（印度國家銀行、印度工業信貸投資銀行、科塔克馬辛德拉銀行、巴羅達銀行、德意志銀行及其他眾多銀行）只會使用微軟Azure作為區塊鏈解決方案，包括反洗錢、瞭解顧客和反恐等。

麥肯錫公司在2018年三月的一份報告中指出，汽車玩家加快汽車數據貨幣化的旅程，到2030年時，聯網汽車市場的價值可能會落在4,500億至7,500億美元。微軟在2017年一月發布主要的聯網汽車平台，從那個時候開始，該公司宣布與雷諾日產和塔塔汽車合作（即Jaguar和

Land Rover的母公司）。2017年三月，微軟進一步宣布把與汽車相關的專利組合授權給豐田。

連結到微軟Azure網路的汽車能順利共享資訊，避免交通堵塞，並透過輔助駕駛系統和預測性保養提高安全性；這些車輛還能提供如在家或辦公室般的舒適感。區塊鏈能發揮重要作用，確保一切與智慧型合約順利進行。

操作建議

上述**微軟**的案例，說明了為什麼2016年三月時，普華永道會稱區塊鏈是千載難逢的機會。微軟能在這些技術領域站穩腳跟，是因為它勇於回顧過去的業務，並接受雲端與其帶來的新技術，這對它來說是偌大的機會。微軟有實力，也有合適的合作夥伴，能深入觸及大型企業。最重要的是，這只是一個開端。因此在每次重要的股價回檔時機，都適合買進微軟的股票。

案例4：思科——重返榮耀的雲端優先策略

在網際網路的黃金時代（不妨稱1995至2010年），當時市場對**思科系統**的交換器、集線器和路由器等產品的需求度，可用「貪得無厭」來形容。在2000年三月時，思科是世界上最有價值的公司。

網際網路的影響力還在擴大，但最近這家公司的業務

已與博薩克（Leonard Bosack）和勒納（Sandy Lerner）在1984年創建時的模樣漸行漸遠。「集中式公共雲端」是新型態的網路，它漸漸利用虛擬化技術概括那些曾經讓思科家喻戶曉的硬體。而網路邊緣與區塊鏈的連結設備，提供思科一條重返榮耀之路。沒有人質疑這些設備即將到來的事實——感測器已經商品化，我們穿戴它們，就在我們的車子裡，或是部署於工廠和城市街道上。現在，所有數位資料蒐集起來，送回網路，交由強大的數據分析軟體處理。近期，分析師開始質疑這種集中處理的經濟性。

2017年中期，國際資訊科技研究機構Forrester Research提出警告，數據超載將使得「集中處理變得越來越不經濟」。相反的，在蒐集數據的地方處理數據，比較有效率也比較實際——這就是所謂的「邊緣運算」（Edge computing）。數據處理盡可能靠近來源，也就是「網路的邊緣」，而不是在龐大的數據儲存庫。

你們已經可以看到這個過程如何推向網路邊緣。新款iPhone利用特殊晶片，保存蘋果伺服器設備內外的認證數據，加快處理速度，這是一個很大的隱私紅利；輝達透過為自駕車設計的超級電腦，將邊緣運算推向極致，它的車用超級電腦Drive PX Pegasus每秒可以處理三億兩千條指

令。減少智慧型手機幾秒鐘的延遲，肯定能改善用戶的體驗。然而，若說到無人駕駛汽車，在擁擠的道路上以每小時五十五英里的速度行駛，這幾秒鐘彷彿生死一瞬間。

還有許多類似的實例。想想在工業廠房中快速移動的機械手臂、礦坑或鑽油平台的重型機械，或是管理交通的智慧型電網。思科已經為這個連結設備和邊緣運算的新時代做了很長時間的準備。自2012年以來，該公司連續收購物聯網相關資產。安全是第一要務。從2012年開始，思科陸續收購OpenDNS、Sourcefire、Neohapsis、ThreatGRID、Portcullis和Virtuata等公司；2014年九月，它進一步收購努力為物聯網建構安全雲端平台的新創企業Metacloud；2015年，思科開始將ParStream、Lancope和MaintenanceNet等物聯網數據分析公司納入版圖。

接著，2016年二月，思科收購領先業界的物聯網服務平台Jasper Technologies。Jasper經營世界上最大的物聯網結締平台，其業務特點是透過軟體從汽車、噴射發動機、渦輪機，甚至是心律調節器中蒐集數據，將這類設備連接至互聯網絡。建立可行又安全的平台是很大的商機。2016年六月時，思科執行長錢伯斯（John Chambers）在巴黎舉辦的Viva Technology新創科技年度盛會上告訴

《CNBC》記者，連結萬事萬物的互聯網絡可望會帶來19兆美元的經濟效益（更多物聯網應用案例請見本書第十章）。

只不過，安全問題仍是阻礙。根據2016年十二月的IBM安全管理服務報告，2016年針對控制系統的網路安全攻擊激增了110％。企業在確保數據安全方面遇到的麻煩已經夠多了，他們不肯把運算推向防禦薄弱的網路邊緣。思科認為其中的解決方案就是區塊鏈。

該公司與「企業以太坊聯盟」合作，要為物聯網帶來安全的智慧型合約。這看起來似乎沒什麼，但卻是一大變革——附有智慧型合約、不可竄改的分類帳本，能消除通訊設備之間對可信中介點的需要，還能阻擋駭客插入代碼和霸占操作控制。

應用程式有無限的可能性，尤其是在網路邊緣的應用程式。想像一下，點擊iPhone就能購買零售商品，如果iPhone和感應式支付系統皆與區塊鏈連結，那麼只有在交易雙方透過加密進行獨立驗證時，交易才會完成。這讓詐騙無機可乘。此外，智慧型汽車能與紅綠燈相互通訊、工業機器人能與其他機器人對話，甚至能安排預防性保養。

瑞士新創企業Slock.it開發的以太坊區塊鏈應用程

式，讓房屋承租人和房東只要透過智慧型手機的應用程式和特殊連結鎖，就能進行安全交易。理論上，房東可以放心出租、出售或分享任何事物，而不需要與交易的另一方見面。思科正在幫助企業建構這類應用程式。

過去五年，思科持續飽受收入持平的困擾。然而，投資人已開始看到該公司新業務的成長潛力。我認為他們很明智。連結物聯網的設備和邊緣運算擁有巨大的商機。

操作建議

思科（股票代號：CSCO）的股價從 2016 到 2018 年中期回升了 80％，終於擺脫網際網路泡沫後的頹勢。建議投資人可以在股價拉回時買進。

9

自動駕駛汽車：
搶賺全球移動力財

快速掃描

　　蘋果、Google、英特爾，甚至是達美樂披薩，都在研發自駕車。所有大型汽車製造商也在做同樣的事。你們會認為追逐目標終有收穫？或是認為沒有策略會自取滅亡？

　　持股建議：德爾福科技（**Delphi Technologies**，股票代號：**DLPH**）、**Aquantia**（股票代號：**AQ**）和星座集團（**Constellation Brands**，股票代號：**STZ**），也許不是你們在思考難以理解的新技術時最先想到的公司。但無妨，這些公司似乎都在正確的時機，出現在適當的位置。從現狀轉型到自駕車是必然的趨勢。德爾福和 Aquantia 製造轉型過程中必備的零件，而星座集團製造上等的「通勤雞尾酒」，好讓未來的乘客酣暢淋漓。當然，正如我前面三番兩次提過的，**輝達**（股票代號：**NVDA**）和高通（股票代號：**QCOM**）在業界也都是值得投資人密切關注的股票。

大多數專家都預測，自駕車在未來四年就會出現，新型商業模式也會隨之而來。「公共運輸行動服務」最後會使汽車使用率超過4％，「訂閱式租賃模式」也是合情合理的趨勢。如果智慧型手機製造商能說服消費者每兩年升級價值1,000美元的新裝置，汽車業者應該也能做到這一點，尤其當他們在保險和維修方面讓步的時候。這些變化皆歸因於更優質的感測器、軟體和超高速網路同時落實的結果。在這個馬不停蹄的時代，趨於一致是重要的課題。

　　無人駕駛汽車比任何新興技術更能引起公眾關注。自從州際公路被廣為接受以來，我們一直夢想著無人駕駛的汽車。現在，我們與這些夢想車款的距離相去不遠；同樣的，這即將改變汽車銷售、使用、投保和擁有的方式。

　　在這個章節中，我會從兩位節儉克難的卡內基美隆大學的工程師開始說起，並以自駕車對汽車零售業務可能存在的影響作結。在這之中，我會說明人工智慧、感測器和5G網路的發展如何突破極限。隨著世界從更有智慧的駕駛輔助技術轉向全自動化駕駛，我也會介紹三個獲勝機率看似微乎其微的潛在贏家。

從一趟汽車旅行說起

觀察指標 ▶ 水到渠成的自駕車產業鏈

　　1995年時，帕梅魯（Dean Pomerleau）和喬臣（Todd Jochem）展開一趟橫越全美的汽車旅行——這兩位卡內基美隆大學機器人學研究所的研究員想要證明自動駕駛汽車確實可行。

　　他們憑著區區2萬美元的預算，湊合著現成的電腦零件、光纖陀螺儀、GPS接收器和廢棄的龐蒂克（Pontiac）休旅車，進行一段從匹茲堡到聖地牙哥、全程兩千八百四十九英里的旅程。當時，公眾抱持高度懷疑的態度，汽車能自動導航的概念彷彿是科幻小說中的情節，就連他們的同事也半信半疑。最後，他們的龐蒂克在無人駕駛的情況下，跑完兩千七百九十七英里，占整個行程的92％。

　　到了2018年，也就是僅僅十三年後，自駕車在很大的程度上被認為是一個已解決的問題。在此期間，資訊科技的發展日新月異。從人工智慧、更物美價廉的感測器，到強大的雲端運算網路，一切都已就定位。而且很快地，我們將擁有更快速的5G無線網路，自駕車進一步的發展指日可待。

案例 1：自動感應駕駛——無可限量的移動紅利

如果你們聽聽汽車業者的說法，就會認為自駕車還要再等十五年才會問世。他們的確希望如此。自駕車的到來會改變一切，而且對汽車製造與銷售業務尤其不利。它將顛覆汽車製造商，就像數位相機淘汰柯達一樣。一般汽車的銷售量將急劇下滑。當「汽車所有權」不再具有經濟價值，將瓦解這個產業一百多年歷史的商業模式。

摩根史坦利的股票分析師強納斯（Adam Jonas）在一篇標題為〈共享自動化〉（Shared Autonomy）的文章中解釋說，從舊有的商業模式無可避免轉移到共乘和叫車服務，會如何把汽車業務轉變為密集控管、價格競爭激烈的公用事業。這意味著汽車銷售與投保的方式將煥然一新，也將顛覆航空、能源、不動產和公用事業。

理由與數學有關。傳統上，汽車製造商仰賴幾個簡單的指標，例如銷售量和平均售價。2016 年時，八千萬輛汽車以 1 萬 9,000 萬美元的平均價格售出，產業總營收達到 1 兆 5,000 億美元。而矽谷新一代的全球移動力模型，則強調「行駛里程」。2016 年全球車輛大約行駛了十兆英里，每英里的平均成本是 1 美元，總計約 10 兆美元。

為了瞭解這些數字代表什麼，我們首先要知道：豐田

經營全球最大的汽車業務，它的年銷售額約為 2,500 億美元——「全球移動力」將是這個規模的四十倍。其他汽車製造商或私募股權投資者也可以自行計算這個數字。

包括通用汽車、福斯和豐田都積極投資這個移動力業務。豐田將賭注押在 Uber——2017 年八月，這家矽谷的優秀新創企業宣布，將在匹茲堡開始測試全自動化叫車服務。摩根史坦利的強納斯認為，自動化就是引爆點。「我們相信，共享自駕車能將每英里的成本縮減到 20 美分，到了 2030 年，全球行駛里程就會增加一倍。」他說。

在這樣的成本結構下，消費者購買車子已不再有意義。汽車經銷商將因此失去經濟價值。由於風險降低了，過去以電子商務經營汽車保險的模式會隨之崩塌。叫車服務（尤其是對團體而言）與短途、區域性的航空旅行相比，在成本上將會變得更具競爭力。跳過台北松山機場（TSA）[1]的航線是額外的好處。

「公共停車位」的概念基本上已經過時，這將在寸土寸金的都市中產生大範圍的寶貴不動產。而電動車為車隊帶來的經濟效益，將加速化石燃料的遷移，導致能源過剩

1　在台北市擴張後，腹地已深陷市中心，機場後方有大型油庫，前方為基隆河，且跑道鄰近民宅，使松山機場儼如世界上最危險的機場之一。

和電力基礎設施的稅負加重。儘管這會面臨相當大的附帶損失，但新型移動力商業模式的發展，勢必會加快速度。

2015年，美國有三萬六千人死於交通事故（相當於每天一百人），比2014年上升8％。大家普遍認為：賦予自動化功能的叫車服務更加安全。2016年九月，歐巴馬總統宣布自動駕駛汽車的指導方針；川普政府對此也表示歡迎。加州一改先前的決議，允許沒有方向盤和剎車踏板的車輛在公用道路上行駛。你們抓到重點了：自駕車發展的勢頭正逐步形成。

「我們看到，六千八百萬年以來的人類被困在一大群集體移動的超級電腦中，而我們從中產生、消費的內容和數據，展現出最大的價值。這寶貴的時機已經成熟、解放和貨幣化。」強納斯如此寫道。我們很容易能從這個角度看出——自駕車正在解放。最終，它帶給消費者的禮物不只是提升安全性，還有寶貴的時間。

我不禁想起電影《回到未來》（*Back to the Future*）三部曲中，那輛被改裝成時光機、附天窗的銀灰色迪羅倫（DeLorean）。那可是一輛在80年代文化迷心目中占有特殊地位的標誌性車款。請容我解釋一下：雖然目前還沒有技術能讓你與高中時期的母親見面，或者讓你們的成年子

女迷途知返，但是自駕車技術的興起，將以另一種管道把「時光機」推向市場，也就是一種把非工作時間還給消費者的作法，就像洗衣機、微波爐、電話和網際網路在過去幾年幫你省下來的時間一樣。

強納斯預估這項技術每年可為人類省下四千億小時的時間。以每小時 10 美元的經濟平均生產價值計算，人類每年可另外增加 4 兆美元的財富。

強納斯和摩根史坦利的分析師團隊做了一些假設。他們將全球汽車行駛里程設在十兆英里左右，也就是說，在路上行駛的十億多輛汽車，平均每輛行駛不到一萬英里；平均車速設在每小時二十五英里，略低於美國交通部估計的平均時速三十二英里。《華爾街日報》報導了另一個對照組，北京在 2014 年的平均時速為七點五英里，可說是鵝行鴨步。

只不過，強納斯所預估的「四千億小時」，並不包括乘客在車上花費的時間。在美國，每輛車的平均使用率約為 1.55％。接下來的計算會有點麻煩：請試著估計「一個小時」對汽車擁有者而言的價值，以及汽車擁有者比沒有車的人「多賺多少錢」。儘管如此，自駕車的潛力還是令人難以置信──數百萬人不必在路途上死守方向盤，可以

在車上睡覺、工作、購物、學習、看電影或與親朋好友聯繫。自駕車不僅能實現這一點，新興的共乘服務也辦得到。

總結的要點是，「自動感應駕駛」的概念尚處於初期發展階段，我們現在才開始瞭解它的好處，包括較低的投保風險與意外事故，以及多出更多的閒暇時間。

我知道現在有很多人說他們很喜歡開車，但我們最後會意識到，大多數人都無法在滂沱大雨的夜晚駕駛兩噸重的車輛，以每小時七十英里的速度在高速公路上飛馳。個人駕駛是公共安全的隱患，而這即將煙消雲散。取而代之的是更多自由。

操作建議

> 如果摩根史坦利的分析師判斷正確，把握大趨勢的最佳方式就是投資**休閒與觀光服務類股**。Netflix（股票代號：NFLX）、臉書（股票代號：FB），以及生產優質葡萄酒、烈酒和啤酒且正快速擴張的**星座集團**（股票代號：STZ），這些標的皆具吸引力。

深度學習將加速自駕車量產

觀 察 指 標 ▶ 輝達公司

2017年十二月，《連線》雜誌發表一篇深入探討自動

駕駛汽車的文章，標題是「在炒作高峰之後，自駕車將駛進幻滅的低谷」，作者提出假想論點，認為汽車要憑軟體與感測器自動駕駛是一件極其艱巨的事。

投資人應該把握這個機會。大多數公司對「努力工作」不感興趣。2005年，西雅圖一家剛起步不久的線上書店──**亞馬遜**，開始建造龐大的雲端運算基礎設施，其規模之大，每秒足以處理數千筆電子商務交易。當時這種想法似乎不太可信，因為需要大型數據中心和新的軟體流程。但亞馬遜確實建立了AWS，線上業務也蓬勃發展。

五年之後，如出一轍的，雲端網路基礎設施成為**Netflix**轉型的基礎，程式設計師為此建構基本的數據壓縮演算法，並研發出新型的推薦引擎。在這個過程中，這家郵購DVD租賃公司擴張成如今的全球串流媒體巨擘。

亞馬遜和Netflix的管理者之所以能成功，是因為他們明白資訊科技突飛猛進，掌握重新思考可能性的機會。他們讓那些「線性思考者」刮目相看，同時創造驚人的股東價值。2009年是當前牛市的開端，直到2018年中期，亞馬遜的股價上漲2,260％，而Netflix的股價上漲6,320％。這些數字千真萬確。

同樣的，自駕車的技術此刻也正不斷升級。正如本書

前面提到的，**輝達**在2010年是以高階顯示卡聞名的小公司。但它的管理者很快就意識到——圖形設計師在電腦遊戲中建構模擬世界的演算法，也可以用來解決更複雜的現實問題。從那個時候開始，該公司在研發方面投入100億美元，其中，自駕車占相當大的一部分。直到2018年，輝達的「Drive PX2平台」成為汽車製造商的寵兒。

輝達的執行長黃仁勳，講述這家顯示卡公司未來如何會押注在人工智慧的故事，因為他看出該領域的未來將會以倍數成長。輝達的工程師並非「偶然」為自駕車設計出最佳解決方案，而是出自先見之明和不斷改良打磨的苦功。自2010年以來，該公司的股價已經上漲十倍。然而，外界或許仍低估了輝達這間公司的潛力。

輝達的本質以及它對運算未來的掌控，皆建立在人工智慧軟體的基礎上。很久以前，該公司就已投入數據科學的研究，讓電腦能像人類一樣思考、觀察和學習。電腦科學家採用以圖形處理器為基礎的深度學習，這讓其尖端客戶群迅速買單，也推動輝達的盈虧底線。

2016年十月，**特斯拉**展示配備輝達Drive PX硬體的自駕車。這輛車成功行駛於繁忙的住宅區街道、蜿蜒的鄉村道路和州際公路，然後在公司店面前平行停車。**戴姆**

勒、奧迪等車廠也使用輝達的神經網路發展自動駕駛平台;在德國,**德國郵政DHL集團(Deutsche Post DHL Group)**將於2018年秋季展開全自動化卡車的試點計畫。以上這些自駕車計畫並非遙遠的概念,它們正在發生。

其他車用領域也與時並進:速度更快的網路能實現鉅細靡遺的即時3D地圖,同時,不再有連線延遲的情形;更優質的汽車雷達和超音波感測器也即將問世。此外,或許輝達能夠把這個領域的專長發揮到極限,該公司努力建立適當的連結並擁有一流硬體,在其他產業能展現最大的潛力。

更小、更便宜的光學雷達系統
觀察指標 ▶ Luminar 與 Velodyne 公司

大多數人都無法想像,我們現今在媒體上看到的笨重自駕車,將會變得更優質、更便宜且更能被廣泛應用。其中,光學雷達(LiDAR)是一大障礙,這是一種自駕車用來觀測四面八方的光型雷達技術,除了造型像肯德基的炸雞桶,這種安裝於車頂的感測器價格也高得嚇人。只不過,該產品在推出幾年後的價格暴跌,新一代的硬體已小

到能隱藏在車身的板件之中。這是一個了不起的進展，它使自駕車比你們想像的更接近。

瞬息萬變是這個時代的特徵，資訊科技發展如此之快，足以化腐朽為神奇。2019年一月，Alphabet旗下的自駕車子公司Waymo宣布，工程師設法削減90％用於測試車輛的光學雷達感測器成本——不久之前的2012年，光學雷達雙機組系統的標價為15萬美元。

2018年初，矽谷有一家名為Luminar的新創企業，其新型的砷化鎵光學雷達感測器引起轟動。這種感測器能辨識兩百公尺外的低反射率物體。該公司的創辦人羅素（Austin Russell）在學會開車之前，就已經開始研究光學雷達技術。如今，他聲稱這項技術突破等同於暗示眾多年輕人「永遠不需要駕照」了。

此外，Velodyne公司也發表新型、低價的固態光學雷達系統Velarray。根據該公司發布的新聞稿，這套系統擁有同樣兩百公尺的感應範圍，並改善了垂直和水平的視野，目標是在量產的時候只賣幾百美元。這套系統將與附帶自動駕駛功能的駕駛輔助系統共同運作（例如主動式定速巡航），而且體積小到能放在你們的手掌上。

事關重大。低價的光學雷達技術進入主流，是自駕車

至關重要的第一步。實現目標後，一切都會發生轉變。波士頓諮詢公司在 2015 年預測，直到 2025 年，自動駕駛技術的市場規模可能會達到 420 億美元。這個看似很大的數字仍然不夠。然而，最重要的是，它足以推動趨勢前進，也足以促進下一步的發展。

5G 網路為什麼能打破格局？

（觀）（察）（指）（標）▶ 足以顛覆所有產業的速度

　　無線網路速度比現在快二十倍的時代即將來臨。2018年一月，**高通**宣布與六家中國的智慧型手機製造龍頭合作，並於 2019 年開始推出 5G 網路。這比原定計畫提前了數年，對投資人來說意義重大。

　　我們生活在進步神速的時代。資訊科技受益於強大的雲端運算網路、大數據分析和人工智慧的交叉點。十年前如科幻般的創新，在今天不僅能如願以償，投資機會也逐漸釋出──5G 網路將以別開生面的姿態脫穎而出。

　　下一代網路的數據下載速度，可望達到每秒 20GB。現今的 4G LTE 網路雖然不錯，但傳輸速度只有每秒1GB。無線通訊大廠**思佳訊公司**（Skyworks，股票代號：

SWKS）的執行長格里芬（Liam Griffin）客觀看待速度的提升。2017年，他向《CNBC》的著名主持人克瑞莫（Jim Cramer）表示，使用3G網路下載一部高畫質電影大約需要一天的時間，4G LTE網路將這個時間縮短到幾分鐘──5G網路能把等待時間縮短到幾秒鐘。

這種速度足以改變一切，延遲問題將不再發生。工程師可以建立連結的車輛網路，傳達相關的交通資訊，並自動維持安全的行駛距離。遠距醫療也不再是天馬行空的夢，想像一下這樣的世界：人在波士頓的醫生利用尖端機器人學，為孟買的病患執行精密的外科手術；無人機和自駕車能建構即時3D地圖，更有效地運作。

即便賭注很高。「5G將成為全球數位經濟與社會的支柱。」歐盟數位經濟與社會委員歐廷格（Günther Oettinger）如此說道。他說的有道理，歐洲的形勢已變得很嚴峻。諾基亞（Nokia）和愛立信（Ericsson）曾讓歐洲成為全球快速網路的領導者，但如今「歐洲之星」迅速隕落。科技媒體VentureBeat指出，有三分之二的韓國人是4G網路的愛用者，美國和日本的4G使用率分別為45％和42％。但在歐盟，這個指標只達到10％。

2015年，歐盟開始與中國合作，與日本和南韓也有

類似的協議，其目標是進行聯合研究，確定最有前途的無線射頻並創立全球標準。2018年，行動晶片大廠高通宣布與中國的**聯想（Lenovo）、Oppo、vivo、聞泰科技、小米**和**中興通訊（ZTE）**等大廠攜手發展5G通訊，這讓歐盟在局外觀望。

高通在聖地牙哥創立，該公司的晶片設計師向來是5G研究的先驅。現在，它的業務已扎根於世界上最重要的無線市場心臟地帶。2017年時，市場調查機構Counterpoint Research發現，全球前十大3G／4G智慧型手機製造商中，有七家是中國企業；另一家市調機構Statista則指出，目前中國有六億六千三百萬支通行的智慧型手機。直到2022年，這個數字預計會成長到八億一千七百萬，這在在顯示5G應用程式的研發會進展得更快。

高通的高層主管表示，中國製造商已經計畫利用其5G先鋒計畫，構建人工智慧和物聯網應用程式——這是給投資人的關鍵總結要點：5G將帶來下一代應用程式與新型商業模式。山雨欲來風滿樓。自駕車是第一個典範轉移，不僅關乎技術，也將徹底轉變諸如保險、汽車零件和休閒娛樂等行業。許多投資人尚未考慮到的經濟領域也將面臨轉變，煥然一新的企業與商業模式隨之而來。

P2P共享汽車服務

觀察指標 ▶ Getaround 公司

　　美國有兩億五千萬輛汽車，其中多半每天閒置二十三個小時。若能提高這些車輛的使用率，不但能減少環境污染與交通擁塞，還能改變世界。

　　共享汽車的先驅者**Getaround公司**，專門提供點對點網路的汽車共享服務。由於**豐田**旗下的投資基金Mirai Creation投入1,000萬美元，幫助Getaround解決難題，這筆資金能幫助這家新創企業在芝加哥、華盛頓哥倫比亞特區、舊金山和其他城市，擴展汽車共享、隨選服務的點對點網路市場。這種服務似乎聽起來很熟悉，沒錯，想一下出租住宿網站**AirBnB**就會明白。Getaround的會員能根據自己設定的價格，以每小時、每天或每周出租自己閒置的汽車。這是個好主意，倘若說事有蹊蹺，那就是對傳統汽車製造商造成顛覆性的力量。

　　豐田的高層主管發現這個不祥之兆後，提出因應對策。2016年十月，這家日本汽車巨頭提供資金、行動服務平台和智慧型密鑰盒，讓顧客只憑智慧型手機就能解鎖和啟動共享汽車。Getaround的創辦人扎伊德（Sam

Zaid）、史科爾平奧（Jessica Scorpio）和克魯（Elliot Kroo），早在2009年就解決一個很大的商業模型問題。他們與巴菲特（Warren Buffett）的**波克夏海瑟威（Berkshire Hathaway，股票代號：BRK.A）**旗下保險公司接洽，提出「防彈車隊」保險契約——預先篩選好的客戶將成為Getaround會員，並為其投保碰撞險、綜合險和責任險，保額高達100萬美元。車主的保單並非不堪一擊。

Getaround的商機在於它的應用程式（包括出租廣告），它利用軟體將汽車所有權轉變為服務——召集聚會、安排保險和籌集資金，需要支付高達40％的費用，這一切都可在手機應用程式上完成。

這種「公共運輸行動服務」的商業模式並沒有影響到汽車製造商。除了Getaround，豐田也是**Uber（股票代號：UBER）**的戰略投資者；**安飛士·巴吉集團（Avis Budget Group，股票代號：CAR）**持有Zipcar，即一家擁有一百多萬名會員的共乘企業；**通用汽車**和**奧迪**在2019年也宣布在舊金山地區提供類似的服務。

Getaround與眾不同之處在於其商業模式的點對點網路性質。儘管該公司近期從一間總部位於舊金山的共享汽車平台City CarShare吸收了兩百輛車，但它旗下並沒有

其他車隊。事實上，Getaround的使命是提升車輛利用率，以減少整體的車隊。該公司聲稱，已有二十多萬名會員和兩萬五千名車主，願意用收費的方式分享他們的車。

　　儘管Getaround目前只在幾個主要城市營運，但它的野心遍及全美。2009年，Google的創辦人佩吉向扎伊德和史科爾平奧發出挑戰，要他們建立一個能在十年內造福十億人的企業。他們決定為了改變世界而排除汽車所有權。「我們認為未來消費者使用交通工具的方式會有明顯的長期變化，從所有權轉變為使用權，」扎伊德在2014年接受《創業家》（*Entrepreneur*）雜誌採訪時說道。「我們有機會協助人們塑造未來。」這家公司起步緩慢但四平八穩，在未來幾年內應該能加速成長。

操作建議

隨著世界越來越數位化，能夠提供行動交易服務的公司變得越來越重要，而能夠在這個趨勢中盡其所能、發揮所長的是 **PayPal 控股公司（股票代號：PYPL）**和 **Square 公司（股票代號：SQ）**，這兩家都是前程似錦的數位支付公司。

汽車製造商的訂閱租賃模式

觀 察 指 標 ▶ Volvo 汽車

　　Volvo 這家車廠正在簡化旗下車款的動力系統，還希望能簡化銷售車輛的方式。這家瑞典的代表性車廠與它的中國母公司[2]，制定一個想讓千禧世代買單的新計畫：訂閱制。這有點像是電信業者銷售iPhone的方式，但產品則換成了汽車。這種方式說得通，而且席捲行銷界。

　　新型汽車租賃服務「Care by Volvo」的根本在於減少摩擦。公司會處理所有煩人的瑣事，比如保險、保養和維修。不僅如此，顧客還可以根據自己的需求，設計專屬的「套裝方案」。需要禮賓服務嗎？沒問題。需要加油和洗車嗎？沒問題。想在下個周末用新款XC-90讓未來的岳父留下深刻印象嗎？你們也做得到。當然，即便是每兩年升級一次的套裝服務也不例外。

　　面對那些會因此遇到的麻煩，Volvo會向顧客收取月租費，視指定服務的等級與複雜性而定價。這種作法富有創新精神，且不可或缺。企業界全力以赴，要把這個訂閱

2　Volvo原為美國福特汽車旗下的品牌，後來在2010年被中國吉利汽車收購。

模式推銷給寧可把收入花在餐廳和旅遊，也不願花在像汽車這類耐久財上的世代。

千禧世代出生在「共享經濟」的時代，他們樂在其中。他們不買音樂或DVD，因為智慧型手機的應用程式可以提供更好的使用體驗。**Spotify（股票代號：SPOT）**是全球最大的音樂串流服務商，目前擁有一億四千萬名用戶，其中有五千萬名用戶採每月付費；他們不買車，因為有應用程式可以叫車。**Uber**是領先業界的叫車公司，在八十四個國家營運，並在2016年提供二十億次乘車服務。

房屋共享公司**Airbnb**的創辦人切斯基（Brian Chesky）所言極是：「使用權是新型的所有權……我們的絢麗行頭不是自己的房子或汽車，而是在Instagram上的舞台，以及我們在世界上的經歷。」

Volvo的線上租賃服務「Care by Volvo」旨在引領汽車業到「使用權」的時代。與此同時，汽車業正面臨銷售量下滑的窘境，而無人駕駛技術等新穎的前景，也許會徹底扼殺「所有權」商業模式。各大車廠都在為此做準備：ＢＭＷ在測試名為「ReachNow」的共乘服務；通用汽車收購一家自動駕駛技術公司，並投資5億美元到Uber的勁敵來福車（Lyft），而且也開始推出自家的汽車共享服

務。飛雅特克萊斯勒（Fiat Chrysler）、福特、福斯和賓士等車廠也在進行類似的交易。

　　這是一個瘋狂又迷惑的時期，由不斷變化的社會價值觀和新興技術孕育而成。對投資人而言，情況不一定是如履薄冰。事實上，機會無處不在。

操作建議

在「使用權」方面，各家公司都在努力打造充滿活力的新型商業模式。從 1995 至 2011 年，**Adobe 公司（股票代號：ADBE）**擁有活躍的拆封授權軟體業務。該公司旗下的 Illustrator 和 Photoshop 都是價格不菲的軟體，很快就成為創作者的行業標準。此外，該公司已透過訂閱制模式，將整個業務移至線上。2018 年時，它的市值成長十倍。

蘋果（股票代號：AAPL）是全球市值最大的公司，至少到 2018 年中期是如此。它與電信業者簽訂利潤豐厚的年度合約，實現大量的銷售業務。2015 年時，該公司開始將自家的手機升級計畫推廣到線上購物和實體商店。事實證明，推銷訂閱制比說服顧客每年購買昂貴的新手機更容易；**Volvo（股票代號：VOLVF）**則希望能抓住天賜良機。

顛覆汽車供應鏈的必然趨勢

觀察指標 ▶ 高通公司

2018年一月，**Alphabet** 旗下的自駕車子公司 Waymo 展示了一輛無人駕駛的多功能休旅車。這輛車小心翼翼地穿梭在街道中，令後座的乘客目不轉睛。

投資人不需要在乎反對者。這是大勢所趨。不過，不要指望自動駕駛功能會馬上下放到雪佛蘭 Malibu 這類的平價國民車款。就像大多數汽車的創新方法，真正妙不可言的配備必定會先出現在高端車款上，畢竟，總得有人要為研發成本買單（比如賓士、奧迪、特斯拉和凱迪拉克的買家）。然而，無人駕駛計程車、卡車和物流車卻很快就能為大眾服務。多年來，工程師一直致力研究程式碼與機器人學，在此期間，自動駕駛的配套技術大放異彩。

輝達的最新 AI 超級電腦 Drive PX Pegasus 即將實現全自動化，它的體積足以裝進飯盒般大小的容器中，難怪計程車、卡車運輸和物流公司一致嚷著要安裝它；在新加坡，無人駕駛新創公司 **nuTonomy** 已經利用全自動化無人駕駛計程車載客；在美國，戴姆勒汽車在奧勒岡州的高速公路測試結隊而行的數位連結自動化卡車。而以上這些

項目，是德國郵政DHL集團計畫在2018年秋季，於德國推出自動化車隊之外的方案。

世界各地的公司都積極地想讓車輛自動化駕駛。這個過程已如火如荼地從實驗室轉戰到公共街道上，這點無庸置疑。對投資人而言，這是翻天覆地的變化，意味著舊有的商業模式必須進行改革，同時也反映出許多新機會。

長期來看，汽車製造商必須承受銷售量下滑的可能性。在短期內，他們必須改組。車輛的內部會經歷劇變，汽車會變得更像客廳，成為數據、媒體甚至是小酌一杯的場所。請好好思考一下，想想「通勤雞尾酒」的概念一旦成真，新的成長向量會如何呈現。

供應鏈也將面臨改變。物流公司帶頭走向自動化的原因在於，「最後一哩路」是業務中代價最高的部分，即便是漸進式提高效率，也直接關係到盈虧底線。在競爭激烈、透明化的企業界中，省下來的成本會轉嫁給顧客，這對零售商來說是件好事，同時也能讓自駕車的前景回歸初衷：隨著汽車使用案例的變化，它將對汽車銷售業務產生廣泛影響。這就是為什麼汽車製造商一直試圖推遲這個逃避不了的事實，也是為什麼他們的發言人不停對我們洗腦：我們有多渴望開車。

高通（股票代號：QCOM）是成就自駕車問世最不可或缺的一間公司之一，這家無線通訊協定製造商會成為 5G 的中流砥柱，在自駕車發展的必然趨勢中佔了最重要的位子。

汽車銷量即將一落千丈？

觀察指標 ▶ 力拼轉型的產業供應鏈

在我目前六十年的人生中，最深奧的技術變革當屬個人電腦、數位網路和行動通訊的掘起。我猜想，對現今出生的孩子來說，其中一項最大的技術變革將會是能源和交通，因為太陽能凌駕在化石燃料之上，而自駕車凌駕在個人駕駛之上。

請花點時間思考你們附近的私人車道、高速公路和停車場即將發生的變化。正如《彭博社》最近報導的，我會非常依賴巴克萊銀行分析師強森（Brian Johnson）的研究。記者諾頓（Keith Naughton）的文章援引巴克萊的報告，指出以下要點：基於共享自駕車的緣故，美國汽車銷售量在未來二十五年可能會下降約40％，因而迫使通用和福特等深耕大眾市場的汽車製造商削減產量。越來越多家庭只有一輛車，因此車子的自有率可能會下降將近一

半。自駕車的行駛里程會是現有汽車的兩倍,因為它能在白天個別搭載家庭成員。大型汽車製造商需要大幅縮減規模才能繼續生存。「通用和福特需要將北美產量分別削減最多68%和58%,」強森寫道。

波士頓諮詢公司指出,到了2025年時,自動化技術市場會成長到420億美元;到2035年時,自駕車可能占全球汽車銷售量的四分之一。部分自駕車最早於2017年上市。當大多數汽車都是無人駕駛的時候,美國每年的汽車銷售量會下降約40%,降至九百五十萬輛,而美國道路上的汽車數量會下降60%,降至不到一億輛。「雖然這個說法較極端,但歷史上的確有先例,」強森寫道:「馬匹曾經扮演許多汽車在今天所扮演的角色,卻因為汽車出現之後,馬匹的總數急劇減少。」

相對的,以下四種類型的車輛即將脫穎而出:由個人駕駛的傳統汽車和卡車,用於工作或農村地區;個人擁有與家庭共享的家庭自動車;共享自動車,即智慧型手機召喚的「無人駕駛計程車」;可容納多名乘客的共乘共享自動車,比如公車或廂形貨車。根據強森的報告,路上的一輛共享車將取代九輛傳統汽車,而一輛共乘共享車將取代多達十八輛傳統汽車。

消費者的「移動力成本」將大幅下降。如果把司機從等式中移除，消費者每英里的平均花費可能是私人搭乘一般轎車44美分，而共乘雙座汽車8美分，這遠遠低於目前消費者乘坐UberX（菁英優步）每英里3至3.5美元，或者UberPool（多人共乘）每英里1至1.5美元的價格。

機會轉向無人駕駛車，這將有利於**Uber**等交通網路公司、**輝達**等自動化技術供應商，以及低成本車輛製造商。「即便底特律三巨頭[3]仍會推出皮卡車和廂形貨車（這是利潤最高的車系），但他們還是得面對家庭自駕車和共享車的市場挑戰，」強森補充說：「我們認為，這會進一步限制傳統大眾市場汽車製造商的前景。」

茲事體大，勢不可擋。其他組織必須立即開始為未來做準備，包括停車場所有者、汽車經銷商、汽車保險公司、汽車金融公司、仰賴汽車業者稅收的市政當局、汽車工人、將數萬英畝土地用於停車的商場業主，以及處理數千起汽車事故的急診室。

如前所述，對投資人而言，利用這些趨勢發展的明智投資標的便是輝達。早在2010年，這家顯示卡製造商就

---

3 意指通用、福特與飛雅特克萊斯勒汽車。

轉型為人工智慧公司。從那個時候開始，它很早就把賭注押在自駕車上。它的股東因此得到豐厚的回報，並且不會對這個產業下一階段的發展感到失望。故事才正要開始。

案例2：德爾福──倒吃甘蔗的老牌汽車零件製造商

2019年前後，老牌汽車零件公司德爾福（Delphi）進行重組。公司管理者希望投資人能區分傳統汽車零件業務和具前瞻性的車聯網和自駕車業務。因此，他們將這些資產分拆出來，舊有的動力系統部門成為**德爾福科技**（Delphi Technologies，**股票代號：DLPH**），其餘部門合併更名為**安波福公司（Aptiv，股票代號：APTV）**。

新上市的安波福公司是自駕車、叫車服務和自動化技術的專工企業。分拆上市是明智之舉，因為技術翻然改進，猶如倒吃甘蔗。此外，公司管理者持續努力鞏固自家的特許經銷權。2017年，德爾福收購自動駕駛軟體製造商nuTonomy。當時，它恰如試圖站穩腳跟、孤注一擲嘗試的老公司般。這就是好的徵兆。

現在的德爾福已不是你們父親那一輩的汽車零件製造商，這是一家向「安波福」轉型的公司。德爾福原本是通用汽車的零組件子公司，1999年從通用汽車分拆出來，

成為一家獨立的上市公司。一如那些想要證明自己有能力的年輕人，該公司很快就搬到英國展店。從那個時候開始，公司管理者持續採取明智舉措。

2015年，他們買下Ottomatika——這家自駕車軟體新創企業剛從卡內基美隆大學分拆出來，這所學校被公認是世界上首屈一指的機器人學工程機構之一。而這筆交易為德爾福帶來自駕車相關的人才和智慧財，同時帶給管理者更大、更快的發展動能。nuTonomy是下一個合乎邏輯的目標。這家總部位於波士頓的公司不久前才宣布，會在新加坡的街道部署自動駕駛計程車車隊，成為熱門頭條新聞。作為一家公司，nuTonomy籌集了1億8,500萬美元的資金，它甚至與共乘公司來福車和Grab達成備受矚目的交易，將員工數量提高到一百名工程師。這些進展在德爾福4億5,000萬美元的收購中發揮作用。

美國國家公路交通安全管理局（NHTSA）指出，2016年的交通事故死亡人數激增至三萬七千人。儘管現在的汽車已更加安全，但無情的數字仍有增無減，可見駕駛人越來越容易分心。自動化車輛比較安全，同時容易取得、效率也高。德爾福的管理者明白其中的利害關係，也敏銳地意識到，自駕車不會立即推出給消費者。起初，技

術會限制在無人駕駛計程車與在預定路線行駛的物流車隊，而收購 nuTonomy 是讓技術立於不敗之地的方法。

最後，我預估德爾福的管理者會利用與汽車製造商的深厚夥伴關係，展開自駕車軟體與零件的交易，這就是我看好這檔股票的原因。汽車產業關乎供應鏈夥伴關係和長期策略規畫，德爾福已在業界站穩腳跟。如今，它有足夠的空間和獨立性，實現在自動化汽車領域扮演關鍵參與者的雄心壯志。機不可失。當汽車從更自動化的輔助駕駛功能，轉型為成熟的全自動化，德爾福的影響力將經久不衰。

案例 3：Aquantia——自駕車供應鏈的明日之星

新世代乙太網路晶片設計公司 Aquantia（股票代號：AQ）於 2017 年十一月上市。理論上，該公司生產相當枯燥的電子零件——用於傳統乙太網路連接的積體電路。在下一個自駕車時代，包括感測器、觸控螢幕、馬達和裝載在車輛上的超級電腦，都需要透過銅線來連接數十億位元的數據。這就是 Aquantia 的專業領域。

這家位於聖荷西的公司，其優勢在於找到讓傳統硬體運作速度提高五倍的方法，同時降低耗電量。投資人不需要大驚小怪。合乎情理的網路連接革命展開了，網路硬體

升級與新標準引導無線網路爆發驚人的速度。在很多情況下，良好的4G LTE網路連接能力讓智慧型手機的下載速度比辦公室的網路還快。真是不可思議。

打從Google在史丹佛大學宿舍出現開始，有線乙太網路的標準從未改變。自2004年以來，Aquantia一直想另闢蹊徑。2014年，該公司推出第一個用於數據中心伺服器的10 GB積體電路，這種設計讓大GB數據吞吐量在標準銅電路上得以實現。就在同一年，該公司推出企業版本，且很快就成為業界標準。Aquantia與**思科**等公司共同成立NBASE-T聯盟，旨在推動2.5/5G乙太網路新標準。現今，該組織已有穩固的四十五個會員。2016年，電機電子工程師學會（IEEE）批准802.3 bz[4]標準的基線。

事關重大。Aquantia的執行長阿雷（Faraj Aalaei）說道，每年有10億多個乙太網路端口傳輸，多半是處理東西向（East-West Traffic），即Server與Server之間的網路流量。這是在極短距離移動的數據，通常在成堆伺服器之間。雖然光纖（optical）科技可能代表數據的長遠未來，但這種轉型會需要替換現有的電力基礎設施。

4　意指雙絞線乙太網路實現2.5 Gbit/s和5 Gbit/s傳輸速度的標準。

對此，許多大型網路公司都不敢問津。舉例來說，數據中心和用戶端運算晶片組的龍頭製造商思科和英特爾，都已經成為 Aquantia 的最大客戶，使其業務表現一日千里。Aquantia 在 2017 會計年度的總營收為 1 億 340 萬美元，成長 19%。全年淨損失 300 萬美元。

這其中有一些值得關注的原因——Aquantia 仍然沒有獲利，思科和英特爾占據它大部分的銷售額。但隨著數據傳輸的需求增加，光纖將會吞噬它整體業務，這是長期的威脅。阿雷聲稱，Aquantia 的未來是為自駕車製造高速網路晶片。自駕車就像是一個附車輪的數據中心，不斷連接和蒐集感測器的數據。此外，Aquantia 也加速開發新產品和建立新的合作夥伴關係，最近它與輝達簽署相關的合作協議。

長期來看，Aquantia 似乎有機會成為這波趨勢的贏家，它與自駕車供應鏈保有長期的夥伴關係，而且最有可能成為自駕車的技術橋梁。它沒有那麼華而不實，卻是生態系統的重中之重。可以確定的是，自動化汽車即將問世，投資人需要待在場外，伺機而動。

10

物聯網：
鋪天蓋地的智慧網路

快速掃描

　　物聯網（IoT）是逐步形成的重要投資趨勢，不久就會像空氣一樣環繞著你們。如同魚兒一般，牠們大概不曾察覺自己正優游於水中，大多數人的生活也會不知不覺受到物聯網影響而徹底改變。不過這無所謂，有一些公司會因此得到回報，且受益匪淺。

　　持股建議：在物聯網和大數據發展的早期階段，投資人應該將焦點放在那些擁有競爭優勢且持續創新的物聯網基礎設施公司上，包括本章會陸續介紹的洛克威爾自動化公司（股票代號：**ROK**）、**SAP** 公司（股票代號：**SAP**）、**Cloudera**（股票代號：**CLDR**）等，當然，擁有豐厚資源的 **Google** 與亞馬遜也是值得長期投資的好標的。

物聯網關乎技術匯流。在這個章節，我會說明聰慧的開發人員如何運用感測器、數據分析和強大雲端網路的組合，提高倉庫的吞吐效率、深入家家戶戶的物聯網應用，甚至能採取措施解決失控的醫療成本問題。我也會探討三家物聯網基礎設施公司，他們在這個振奮人心的新產業起跑點上已占有一席之地。

蜂群思維
觀察指標 ▶ 江森自控與 IBM

「蜂群思維」（hive mind）[1]是科幻小說中的烏托邦——鑰匙永遠不會丟失，事實永遠深銘肺腑，訊息也不會發送失敗。你們可以想像一下這種完全覺知的狀態。

接下來的十五年，物聯網有望將世界上所有的有形物品和每一個人連接到動態、身歷其境的智慧型「沈浸式網路」（immersive webs）。當交通阻塞時，鬧鐘會提前喚醒你們起床；商用飛機會自動安排所需的維修；放錯地方的私人物品，會在你們意識到丟失之前發出通知，而這些還

1　意指由許多獨立的單元連接而成的集體思維，常用於電腦和網際網路領域。

只是展現物聯網潛力的序幕。數十億台連線設備不斷交換數據，即將帶來驚人的生產力、環境、醫療和人類相關的效益，同時也會自動挖掘出新的安全性漏洞。

這是我們一生中最賺錢的其中一個投資機會。面對即將來臨的巨大變化，你們可能認為，找到利用這些變化的方法很容易。各大智庫的白皮書多半關注事物的連接能力，譬喻網路設備和感測器。無庸置疑的是，最近有多宗大型半導體公司購併案，也就是**安華高（Avago）**收購博通（Broadcom）、**英特爾**收購阿爾特拉（Altera）、**恩智浦（NXP）**收購飛思卡爾（Freescale）——旨在擴大規模，主導下一階段的深度連接。

然而，這個美麗新世界的價值，大抵會體現在編纂、分析和立即採用數十億個感測器蒐集數據的軟體。舉例來說，物聯網很適合**通用電器（股票代號：GE）**。該公司是世界上最大的噴射發動機、柴油列車和其他大型工業產品的製造商，找到提高生產效率的方法是它的使命，而開發感測器與軟體網路，是合乎邏輯的行動。因此，2013年時，通用電器與**亞馬遜AWS**、**埃森哲**和**易安信**聯手推出名為「Predix」的高效軟體平台，目標是將精打細算的預測資料分析大規模應用在工業領域。

幸好通用電器為這項計畫找到躍躍欲試的實驗對象，也就是它自己。打從2013年開始，Predix對通用電器的生產線產生深遠的影響。2015年時，預測性保養讓該公司省下5億美元。直到2020年，隨著軟體和感測器連接到更多生產設備上，該公司預計將省下10億多美元的成本。

至於其他公司，ＢＭＷ和**福特**預料聯網汽車能相互通訊與透過網路交流，傳遞速度和目的地等關鍵數據點。利用這些數據，網路不僅能克服交通的問題、控制速度，以緩解交通阻塞，還能在特定的天氣和道路條件下，持續監測安全距離，減少意外事故。在不久的將來，車輛的智慧型輔助功能，例如自動剎車，能在駕駛人無法減速的情況下，自動放慢車輛速度，避免意外事故。

江森自控（Johnson Controls，股票代號：JCI）希望在道路、路燈、紅綠燈、建築物和其他公共建設嵌入感測器，進一步實現自動化。該公司會蒐集、分析並善用數據，因此當周遭沒有人的時候，燈光和空調設備就會自動關閉電源；紅綠燈能改變燈號來調節汽車的流量；若路面結冰，迎面而來的汽車會收到減速警示的通知，但如果駕駛人忽略訊息，汽車也會自動減速。只不過，單憑感測器

還不夠，因為感測器只負責蒐集數據。若能利用軟體將感測器連接在一起，並有辦法即時做出決策時，這才是點石成金的開端。

　　IBM（股票代號：IBM）在數據分析領域打造無可取代的重要地位，尤其是醫療保健的應用，這要歸功於它的人工智慧程式運算平台。2015年，該公司推出「華生健康雲」（Watson Health Cloud），目的是建立一個安全、開放的平台協助企業和研究人員建構系統，並利用API交換數據。嬌生（Johnson & Johnson，股票代號：JNJ）和美敦力（股票代號：MDT）等製藥與醫療設備公司，已經啟用該平台開發新藥。至於蘋果（股票代號：AAPL）和Under Armour（股票代號：UA）也利用「華生健康雲」分析和解讀智慧手錶與運動手環傳遞的海量數據。此外，包括紐約的紀念斯隆－凱特琳癌症中心（MSKCC）等醫療機構，也促使華生人工智慧程式成為腫瘤學研究的重中之重。

　　物聯網解決方案的潛在市場規模肯定很大。2015年，研究顧問公司IDC預測，物聯網的市場總額將從2014年的6,558億美元成長至2020年的1兆7,000億美元，且該公司預計未來會有高達295億台連網設備問世。隨著商業

模式的轉移、延續，許多舊有的商業模式會遭到淘汰，取而代之的是新型服務、產品和產業。

那些提出質疑聲浪的人，認為物聯網只是炒作手段。但他們錯了，因為他們把焦點放在機器之類的事物。重點在於，物聯網的影響力和前景都在於如何善用數據。感測器、機器與即時分析，都象徵我們邁入反應時間比從前還短的時代。企業將運用智慧型網路，即時預測和糾正潛在的問題。這種完全覺知的狀態，會引發對資源的空前控制力。在備受利潤率透明度與大規模瓦解煎熬的商業環境下，完全覺知的狀態非同小可。

將一切商業事物「網路化」
觀察指標 ▶ 亞馬遜與貝佐斯

早在2012年，**亞馬遜**就以7億7,500萬美元收購機器人學先驅**Kiva**。當時，亞馬遜在世界各地增建倉庫基礎設施。Kiva的成就令人大開眼界，因其微型電動機器人可以搬動所有貨架上的商品。不久之後，人類成為新一代尖端營運中心的少數群體，他們退到第二線負責從快速移動的貨架上分揀商品。

現在，亞馬遜進一步想要以機器人替代分揀員。該公司每年都會舉辦「亞馬遜分揀挑戰賽」（Amazon Picking Challenge）的國際性競賽，旨在表彰工程團隊製造出像人類一樣靈巧的機器人。2017年時，擁有兩根手指、一個吸盤和網路接線的荷蘭機器人風靡一時。

只不過，在當前的政治背景之下，這些減少工作機會的措施都沒有發揮得很好，社會瀰漫焦慮不安的氛圍，兩黨政治派別的政客都在尋找代罪羔羊。因此，對於他們要宣揚的理念可說是愁雲慘霧。整個體制遭到壟斷，他們大聲疾呼——全球化的力量悄悄奪走就業機會，要摧毀人類的未來。但事實上，我們的經濟體系（即資本主義），並非取決於為勞工提供就業機會或追逐光明的前途，因為這些都是幸福的副產品。資本家應當顛覆和創新，將重點擺在高效率，也就是用低成本的機器取代高成本的工作。就這一點而言，根據大多數人的說法，他們正準備發揮實力。但情況也許會更糟糕。

亞馬遜網站所做的事，就是在數位化成為現實之前，搶先將自家的業務數位化。該公司投資將現實世界中「類比事件轉換為數據」的程序與機器。然後，管理者將所有東西新增到龐大的網路上，利用軟體優化。

2012年收購Kiva是亞馬遜關鍵的轉折點——那家機器人學公司，正在它漂亮的小橙色機器人周圍打造一個生態系統，它將軟、硬體當作層次進行建構。然而，當亞馬遜收購Kiva之後，決定將它整個業務搬到自家公司內部。現有的合約可接受到期。這也讓它的競爭對手被迫爭奪其他解決方案。

　　謝天謝地，他們別創一格。現在的聖荷西、波士頓和歐洲，充斥著自動化新創企業，且都在期待下一波重組浪潮。**漢威聯合國際（Honeywell，股票代號：HON）**在2017年以15億美元收購物流巨頭Intelligrated。如今，這些公司變得更穩固、更精明，也更靈活。在整合無人機和其他配備的人工智慧物流設備之後，這些公司也準備執行空前的大舉裁員。

　　說句公道話，亞馬遜素來是優秀的企業公民。該公司的創辦人貝佐斯自豪地談到2012年展開的「職業選擇」（Career Choice）訓練計畫，讓倉庫的員工接受培訓，以便適應亞馬遜以外的高要求工作。位於西雅圖的亞馬遜倉庫有一間玻璃教室，現場的其他位置大都能看得見那兒。在那間教室裡，員工會接受護理、飛機機械和卡車駕駛職務的培訓。2019年，亞馬遜開放這項計畫的原始碼，鼓

勵其他「財星一千強」企業也這麼做。顯然，公司沒有義務要幫員工找其他工作（或更好的工作）。

根據貝佐斯的說法，這項計畫的存在目的，是讓員工在高要求與薪資穩定的領域開創事業。他不希望員工覺得待在亞馬遜有志難伸。把教室放在倉庫邊緣的玻璃室，藉以傳達一個明確的訊息：除了倉庫之外，還有其他選擇。自動化和其他生產力措施，會對未來的就業率和就業品質產生負面影響。雖然古怪的荷蘭機器人不太可能改變世界，卻為未來設定了方向。物聯網時代的許多「未來工作」都是屬於機器人的。

將企業事物「網路化」的業務，能為決策提供資訊，或許有成本節約和生產力方面的回報。這並不令人意外，而且這個過程從很久以前就展開了。**蘋果**發起新興的數位媒體運動，因旗下的 iTunes 服務而熠熠生輝；**聯邦快遞**和 **UPS** 利用數位託運單掃描與自動化，簡化包裹遞送流程。然而，亞馬遜在成本節約和生產力這兩方面發揮得最好：在偌大的線上商店中，只需點擊幾下滑鼠，大概就能囊括所有我們想像得到的商品——將有形倉庫引入網路是絕妙的點子。現今，線上商店帶來可預測性和超乎想像的成本效益。

深入物聯網的生態池

2017年，《電子工程時報》（*Electronic Engineering Times*）刊登有關**沃爾瑪（股票代號：WMT）**副總裁恩斯林（Chris Enslin）的特別報導。他的五百人團隊正積極探索如何將物聯網、機器人學和人工智慧引入這家零售巨頭的全球網路。

數十億個互聯感測器即將改變商業面貌的想法並不新奇。多年來，分析師和產業顧問皆預測物聯網會嶄露頭角。2015年時，麥肯錫公司估計，直到2025年，智慧型系統對全球的影響可能達到11兆美元。該公司指出，基於一般互操作性的預防性保養，將使醫療衛生省下大量成本。這當中有許多值得拍案叫絕的地方，且幾乎找不到缺點，至少看起來是如此。

造成物聯網發展延滯的關鍵在於感測器，因其價格仍然太高，無法廣為採用。恩斯林承認沃爾瑪的物聯網策略羽翼未豐，在它一萬兩千家分店中，只針對少數幾家測試營運，即便開始測試了，相關應用程式的發展仍未臻於成熟——他們利用冰箱的高溫振動感測器來提升食品安全，

並提供預防性保養；掃描器和電腦視覺系統現在可以讀取包裝產品上的程式碼，取代傳統的記錄管理系統。

這是新的開始，也是成功邁向下一代端到端系統的一小步，只要價格合理，沃爾瑪銷售的每一種產品都能安裝感測器。恩斯林說道：「有朝一日，智慧型包裝能協助各位在家裡追蹤並訂購那些降價的商品。」這件事彌足珍貴，且遲早會發生。

沃爾瑪與亞馬遜正激烈地爭奪零售業的優勢。儘管線上巨頭亞馬遜只占沃爾瑪年度銷售額的一小部分，但公司市值已遠遠超越它。就算亞馬遜的核心業務利潤微薄，但由於它很早就開始採用物聯網技術，因此現在能發揮自身優勢。我們將分銷和電子商務視為理所當然，但這種模型的美妙之處在於能消除損失──整個供應鏈都會嚴格追蹤物品，促進更佳的庫存管理，因此沒有必要透過季節性銷售來清空後台庫存，同時也沒有實體商店的行竊問題。

沃爾瑪並非唯一投資物聯網戰略的零售商。2015年時，**目標百貨（股票代號：TGT）** 開始為一百家商店裝配LED天花板燈，這些裝置能在顧客進入商店後追蹤他們，然後透過顧客的智慧型手機引導他們購買商品。真是不可思議。該系統使用「可見光通訊」（VLC），即一種利用

LED燈光的波長來達成訊息傳輸的通信技術。人類的肉眼無法察覺這些閃爍的波長，但只要波長夠強勁，就能加密商品資訊，並將數據傳輸到智慧型手機的相機中。

「可見光通訊」的支持者表示，該系統在定位產品與用戶方面，比藍牙更勝一籌。而這個系統也獲得飛利浦、通用電器、燈具大廠 Acuity、高通和蘇格蘭新創企業 PureLiFi 的支持。除了低成本的 LED 照明，「可見光通訊」明顯的好處是讓顧客在網路上享受個人化體驗、訂製促銷活動與追蹤數據。

除此之外，**通用汽車（股票代號：GM）**為底特律以北三十英里處的「奧里安湖製造廠」制定長久之計，這家工廠是電動車款 Chevy Bolt 的發源地。電動車對通用汽車的長期運作狀況至關重要。就汽車工廠而言，擁有八百個現代機器人的奧里安湖如同珍寶，從焊接、起重到上漆，這些亮黃色的機器人不停轉動和咿咿作響。而通用汽車的合作夥伴**洛克威爾自動化公司（Rockwell Automation，股票代號：ROK）**、思科和日本機器人學製造商**發那科（Fanuc）**，無不卯足全力提高效率。

2016年時，奧里安湖的工廠達到升級的極致，通用汽車在此安裝了「母腦」——連接所有硬體與數據的軟體

堆疊[2]。工廠的管理者表示，機器人、輸送帶乃至暖通空調系統，第一次使用相同的軟體核心。「母腦」的運算中心位於思科所建立的雲端上，運行由發那科開發的訂製演算法。由此可預期製造業的繁榮，以及巨大成本節約的成果。

家用物聯網的關鍵指標（一）

 ▶ 第一資本與亞馬遜 Alexa

亞馬遜開發的「Echo系列智慧喇叭」進展順利，它成為消費者實現家庭自動化的首選產品，在添加兩個靠語音啟動的聲控配備之後，亞馬遜不久就建立一個聰明的協作應用，這對具有財務意識的用戶很有幫助。

2017年，**第一資本金融公司（Capital One Financial，股票代號：COF）**在全球最大創意盛會SXSW（South By Southwest）上宣布「Alexa語音搜尋」的新技能。這種微型軟體方案讓亞馬遜的Echo、Tap、Echo Dot和Fire TV等產品能與人類的財務資訊互動。第一資本的方案能幫助銀行的顧客隨時掌握信用卡帳戶內容，像是查

2　按照後進先出的原理，允許在有序的線性資料集合一端加入和移除資料的運算。

看餘額、檢視最近的交易記錄或付款，以及即時取得活期存款帳戶和儲蓄帳戶的資訊，全都不需要手動操作——你們不需要使用電腦、智慧型手機或平板登入網路銀行帳戶，也不用親自去銀行，只需要「動口」詢問Alexa相關資訊。

在請教Alexa前，用戶必須在Alexa應用程式中啟用Capital One功能，接著就可以詢問以下問題：

- Alexa，請Capital One 查詢我的Quicksilver 信用卡內還有多少額度。
- Alexa，請Capital One 幫我查詢活期存款帳戶最近一次的交易記錄。
- Alexa，請Capital One 幫我付信用卡帳單。

為了避免混淆，Alexa會使用預先連結的資金支付帳單。縱使第一資本最新的物聯網創新方法，體現該公司盡心盡力為顧客創造更美好的體驗、產品與工具，但大家不禁會思索這個新連結的安全程度。讓語音助理脫口說出你們的財務狀況，真的是明智之舉嗎？Alexa，別告訴我的妻子，我又為高爾夫球袋添購了新的球桿。

實現無人機送貨的物聯網物流

觀察指標 ▶ 戴姆勒與高通

你們的包裹以後可能會由無人機運送，從移動式數據中心發射並追蹤包裹。這不是在寫科幻小說。**戴姆勒（股票代號：FWB: DAI）**表示，這就是下一代物聯網物流的樣貌。該公司持有加州門洛公園的無人機新創公司 **Matternet** 共 5 億 6,270 萬美元的部分股權。

戴姆勒將與 Mercedes-Benz Vans 共同作業，即生產新系列電動車的商用車部門，電動車會配備全自動機器人貨架、車頂無人機發射台，以及裝載車用智慧型雲端數據網路。這種概念強調軟體與數據顛覆傳統商業模式的程度有多大，當產品成為一種服務，製造商只有兩個選擇：提升價值鏈[3]，或者自取滅亡。

失敗是偉大的動力。世界各地的汽車製造商都在瘋狂收購軟體公司，或展開戰略性物聯網的聯盟。**豐田**投資 Uber，**福斯**對叫車公司 Gett 有興趣，而**通用汽車**出資 5 億美元與來福車合作。Mercedes-Benz Vans 的部門主管莫寧

3　企業為了發展獨特的競爭優勢，要在商品和服務創造更高附加價值的加值過程。

韋（Volker Mornhinweg）簡明扼要地指出：「我們的目光不僅投向車子，還放眼所有價值鏈和顧客的整體環境。」

持有Matternet的股份是不錯的起點。戴姆勒剛起步時，利用堅固耐用的商用無人機，在海地、不丹、多明尼加和巴布亞紐幾內亞等崎嶇地形與極端氣候的條件下運送醫療用品。2017年，該公司與瑞士貨運（Swiss Cargo）和瑞士郵政（Swiss Postal Service）合作，開始測試包裹投遞。2019年更宣布將與歐洲物流巨擘DHL共同展開快遞服務的試驗。

戴姆勒會把無人機與新型雲端物流平台整合在一起，至少有一部分的平台會在廂形貨車中操作。即使不在視線範圍內，安裝的系統仍會自動裝載淨載重量、更換沒電的電池，並監測部署無人機的座標。該公司估計，無人機能攜帶重達四點四磅的包裹，一次充電可行駛約十二英里。如果包裹需要簽名，沒有問題，驅動程式會一塊處理這些麻煩的細節。

無人機在物聯網物流中的應用，顯然蔚為風氣。**亞馬遜**和**Alphabet**都在催促美國聯邦航空總署（FAA）放寬相關規定，允許在美國接納更多商業的用途。**高通**和電信商**AT&T**最近宣布成立合資公司，利用無線頻譜協助無人

機在視線範圍之外導航。

　　戴姆勒的佈局表明投資人大有可為的跡象——無人機、雲端數據中心和物聯網都在逐漸整合；高通則致力主導無人機「系統單晶片」（SoC）的市場，整合移動式與物聯網的架構。

智慧聯網醫療的可見未來
觀 察 指 標 ▶ 高通與飛利浦

　　企業開始運用強效的雲端運算網路和連線設備，促進醫療保健的發展，這是遲早的事。2017年時，飛利浦和高通攜手合作開發一個重要的物聯網醫療保健生態系統。

　　美國聯邦醫療保險（Medicare）估計，每年有170億美元花在可避免的再次住院費用。一般來說，再次住院的原因是病患罹患多種慢性疾病的併發症，例如糖尿病。

　　高通生命（Qualcomm Life）獨自開發2Net開放式設備網路和一套連線給藥器、生物感測器和自理血糖儀；**飛利浦**的建立的「Healthcare」則是一個開放式雲端物聯網平台，專門為醫療保健系統、供應商和個人設計。飛利浦和高通的結合，創造出無與倫比的可擴展生態系統。當

供應商將醫療服務從所費不貲的急診室轉移到家庭，也將開拓利潤豐厚的新醫療保健產業。

普華永道表示，直到2020年，互聯醫療市場將成長至610億美元，以目前的水準來看，33％的年成長率令人印象深刻，生態系統的所有供應鏈可望欣欣向榮。到了2020年時，聯網醫療設備將成長到140億美元。與此同時，互聯服務的規模預計可擴大到450億美元——目前的年成長率分別為37％和31％。

我們有理由相信普華永道的數字可能趨於保守。隨著大多數已開發國家的醫療保健成本以不留餘地的速率攀升，決策者都在努力達成一致的共識：維護健康與治療疾病同等重要。聯網醫療保健鼓勵病患自我管理（特別是針對慢性病患），同時還能降低成本，打造雙贏的局面。

飛利浦和高通出手的時機點也很恰當，他們的醫療保健套件在數據儲存、聚合和分析方面，都具備業界一流的核心能力。雲端運算的進步，代表這一切都能大規模兌現。2Net讓醫療保健供應商藉由病患的醫療設備、智慧型手機或其他可能出現的可穿戴式設備，為個人化療法設計訂製的物聯網應用程式。因此，不難想像這樣的世界：戴著Apple Watch的病患與醫療保健供應商的軟體維持不

間斷的即時聯繫。

飛利浦的拓斯（Jeroen Tas）一語道破這般前景：「病患的自我管理與護理網路的連接相結合，這種新興的模式能為病患和供應商提供可擴展的慢性病管理。」

家用物聯網的關鍵指標（二）

 ▶ **Google Home**

在 2017 年的 Google I/O 網路開發者年會上，搜尋巨擘 **Google** 公布它最新的測試，要將家用物聯網的 Google 版本帶給消費者。

家用物聯網的前景不可限量。我們只要說話就能控制的智慧型聯網電器，這可以在《傑森一家》（*the Jetsons*）中看到。這部大受歡迎的動畫電視劇，有我們曾經嚮往、身處太空時代的未來生活。這就說明了「技術成熟度曲線」（The Hype Cycle）[4]，以及顧問與分析師毫無根據的估算，同時也說明消費者目前對各種無趣的互聯冰箱、互聯酒瓶等雞肋應用感到失望的原因。

---

4 企業用來評估新科技可見度的工具。

Google對此愛莫能助，它旗下的「Android@Home」平台於2012年推出，但很快就鎩羽而歸。儘管施加高壓手段，Google還是無法讓硬體製造商採用它的標準。Google在2014年以32億美元收購智慧型電器製造商Nest的交易也陷入標準化困境，即便在iPod產品開發負責人法戴爾（Tony Fadell）的領導下，Nest的表現也令人失望。

這個競爭標準化的困境在2016年達到頂峰，當時Google決定將運行Revolv的居家裝置整合起來。Revolv是Google一年前收購的物聯網平台，旨在推動品牌的發展，無奈結果差強人意。而Google的新系列「Home」產品採取不同的作法，迎合我們內心深處的童心，也呼應亞馬遜Echo意外的成功──Home由語音控制，將Google的佳績發揮得淋漓盡致。

你們可以要求Home播放音樂、播客（podcast），甚至是觀看電視節目，因為它使用廣受歡迎的媒體串流裝置Chromecast[5]的協定，相同的標準也讓多種Home設備與連結喇叭順利協調。透過聲控的方式，你們諮詢的問題內容可以包括天氣、行事曆日期變更或通勤相關的瑣碎問

5　Google的數位電視棒，可將傳統的電視和顯示器等升級為網路電視，具有播放網路媒體的功能。

題，Home都有辦法回答，因為它的基礎建立在Google搜尋和你們在Google的個人化服務。Home知道你們有預約周四的牙醫門診，或者知道你們在通勤的路上會遇到道路施工而提醒你們要盡早出門。Home還能關掉房間裡的電燈，調節地下室的自動調溫器，並根據Nest制定的標準，啟動室外的監控攝影機。

Home近期唯一顯眼的失敗，或許是它作為一個家庭物聯網的控制中心，卻依然仰賴Nest的進展。因此，Google對Home採取謹慎的態度。相較於自由放任的開發商，Home與亞馬遜Echo不同的地方在於，Google在2016年的I/O網路開發者年會上並沒有發布開放API——Google希望先解決之前所推出聯網家居產品的所有瑕疵。

缺乏開放的API意味著開發商無法讓Home訂購達美樂披薩，或預約來福車的共乘服務，也可能無法與三星的SmartThings等競爭平台的電器相容。但Google也表示終有一天會開放API——儘管可能會因此落後給對手。但這不一定是壞事。家用物聯網的領域來日方長，縱使這個趨勢前景光明，但許多平台其實都在孤軍奮戰。

其中的某些部份不難理解。許多公司，例如Google和三星，都希望更嚴格地控管成品，尤其是軟體。有越來

越多開放式設備出現問題，很容易成為駭客下手的對象。然而，如果物聯網要展現它真正的潛力，就必須呈現更好的標準和更廣泛的普及率。

案例1：誰能解決物聯網設備的安全疑慮？

2017年時，哈佛大學甘迺迪政府學院的資安專家施奈爾（Bruce Schneier）憂心忡忡的向美國國會提出警告——物聯網是有史以來最複雜的系統框架，這會讓攻擊者有機可乘。

2017年十月，駭客利用暗網（dark web）提供的程式碼，控制數百萬個聯網設備，攻擊目標是許多大型網站的服務供應商——Dyn。駭客的分散式阻斷服務攻擊（DDoS）中斷美國許多地區的亞馬遜、PayPal、推特和Spotify服務。「攻擊的規模擴大。網際網路是讓一切變得更有效率的巨大工具，攻擊也不例外。網際網路讓攻擊擴展的程度，不是其他工具能辦到的。當我們的系統變得更加重要，情況也會變得更加危險，」施奈爾說道。「雖然Dyn網路攻擊事件已順利解決，但造成一些網站發生故障，且物聯網以直接和物理的方式影響著全世界：汽車、電器、自動調溫器和飛機。我們的生命和資產都面臨未知風險與

災難性隱患。」

　　施奈爾也擔心連結世界的其他部分——物聯網的強大程度取決於最薄弱的環節，但製造廉價設備的小型公司沒有動力投資安全領域。「這些設備的毛利率較低且全都位於海外，沒有團隊支援，」他說道：「有很多問題都無法解決。那些數位視訊錄影機（DVR）在報廢之前很容易遭受攻擊，且離它們報廢那天還有一段時間。」施奈爾強調，矽谷有許多人不欣賞「控管」的建議，但他認為政府有必要介入，確保聯網設備符合最低的安全標準。

　　新聞工作者、資深網路安全專家克萊布斯（Brian Krebs）也有同感。2016年九月，專門探討網絡安全的網站「KrebsOnSecurity.com」成為空前網路攻擊的目標。套用 Red Bull 能量飲料「狂飲駭客」的話說——這是標準 DDoS 攻擊：對網站拋出大量垃圾數據，令它無法執行預期的服務。這種事司空見慣，只不過，這次攻擊事件改變了遊戲規則，因為這大概不是窮凶極惡的民族國家所為，極可能是三教九流的駭客利用了成堆的物聯網設備。就像《馬蓋先》影集中的劇情，這些駭客把路由器、IP監控攝影機和數位視訊錄影機結合起來，利用軟體加以操縱，再把每一項工具的矛頭指向克萊布斯經營的網站。

「物聯網安全」一直是研究人員的一個壓力點。為了維持低成本和降低新手消費者的學習曲線，製造商紛紛將聯網產品推向市場。許多公司都擁有嵌入硬體裝置中的通用軟體，更糟的是還有預設密碼。從家庭監控攝影機到嬰兒監控鏡頭，讓人毛骨悚然的駭客能輕易地控制一切。他們把物聯網設備當作武器是遲早的事。

　　身為調查記者的克萊布斯，對駭客攻擊事件瞭若指掌，他把搜尋惡意軟體和揭露網路罪犯當作自己的責任。克萊布斯所做的事備受推崇，全球最大的雲端遞送平台**阿卡邁（Akamai，股票代號：AKAM）**因此以「公眾利益」的名義無償提供他的網站DDoS保護，以防攻擊事件再次造成高昂的代價。此外，**Alphabet**旗下的「神盾計畫」（Project Shield）亦將該網站列入防範DDoS攻擊的對象，該計畫旨在保障全球記者及其言論自由的權利。

　　克萊布斯曾在2017年發表一篇部落格文章，揭露一個線上殭屍網路工具服務商——vDOS的內幕。vDOS公然將DDoS攻擊的服務出售給網路勒索者，並索取訂購費用——每個月只需要30美元，用戶就能利用DDoS攻擊來摧毀大多數網站。克萊布斯聲稱，雇用駭客的行動協助發動十五萬次DDoS攻擊，並因此賺取價值約60萬美元

的比特幣。此外，對於那段期間發生在全球因DDoS攻擊造成網站當機的事件，vDOS亦必須負起責任。

經過進一步調查，克萊布斯找到數千名付費顧客、確認他們的目標，以及在幕後操盤的兩名以色列少年胡利（Itay Huri）和比達尼（Yarden Bidani）。聯邦調查局逮捕了這兩個人，他們供稱，拿下KrebsOnSecurity網站純粹是惱羞成怒的報復行為。

此外更令人擔憂的是，使用現有、有安全缺陷的物聯網設備可能會引發大規模攻擊。2013年時，針對反垃圾郵件專門機構Spamhaus的DDoS攻擊，以每秒三百吉位元流竄，相較之下，對KrebsOnSecurity網站的攻擊，每秒的轟炸超過六百二十吉位元。有人說此舉已威脅到互聯網的發展。

克萊布斯在最近發布的文章中指出：「過去完全掌握在民族國家手中的工具，現在交由單一駭客掌握，有點像007電影中的惡魔黨。」在詹姆士・龐德系列電影中，縱然反派力量強大，正義的一方終究會獲勝。不過，每部電影通常只有一個反派角色，他們不可能以每個月區區30美元出租邪惡超能力。

思科（股票代號：CSCO）屬於物聯網概念的長期投資策略標的。這家大型網路設備製造商在業界叱吒風雲，「安全問題」已成為該公司新執行團隊的心頭之患。即便還有很多目標明確的公司，但沒有一家能和思科的規模比擬。

案例2：洛克威爾──以身作則的工業物聯網指標

洛克威爾自動化公司（股票代號：ROK）是一個奇特的案例，它是全球最大的工業自動化公司，打從1901年就開始經營這項業務。然而，該公司在十年前破產了。這家位於密爾瓦基的企業集團變成效率低下的龐然大物──它的工廠遍布全球，由於未採用一致的資訊科技系統，致使彼此間幾乎沒有交流。

2007年，該公司以18億美元的價格將電力系統部門出售給保德電機公司（Baldor Electric）。公司管理者開始檢討內部，希望實踐自己向企業界鼓吹的「自動化」理念。2008年，洛克威爾推出「企業聯網」計畫（The Connected Enterprise），旨在整合工廠和企業網路，將人員、製程與技術安全等連結在一起，這個過程肇始於該公司自己本身龐雜的業務。當時，洛克威爾的規模已擴張至全球二十家製造廠，擁有兩萬兩千五百名員工和四十萬個

存貨單位（SKU）。工廠的管理者握有大權，結果卻衍生出雜亂無章的製造程序與一片狼藉的ERP（企業資源規劃）系統。

「將一切事務整合為一」為其目標，而當務之急便是建立連結。「企業聯網」的第一步必須將操作技術（例如條碼讀取器、自動輸送機、掃描器和工廠觸控螢幕）與資訊技術系統相結合，這需要全面改造企業網路、資料分析和不同的ERP系統。

2012年，該公司拋棄舊有的網路結構，轉而採用EtherNet/IP——即開放式聯網基礎設施。所有設施採用標準化ERP系統；2013年，它進一步推出MES（製造執行系統），即一套將工作流程標準化的程序。後端的雲端軟體會把這一切都連接在一起。

直到2013年底，人在密爾瓦基的洛克威爾管理者，已可以看到每一家工廠的即時數據、瀏覽品質報告和評估生產力。企業中的每台掃描器、感測器和條碼讀取器皆與信號實況動態連結。結果令人震驚，供應鏈為此全面重組——庫存從一百二十天下降至七十九天；產品品質提高50％；準時交貨率從80％的中等水準遽增到96％；資本支出下降30％；生產力提高4％至5％。這是向客戶推廣的

絕佳題材，也是綜合物聯網策略的力量。

　　2018年時，許多企業管理者接納洛克威爾的推廣內容，明白物聯網的成就不只帶來生產力的全面革新。洛克威爾聲稱，憑藉更快的新產品上市時間、更踏實的勞工安全、更完善的網路安全，以及更低的總體擁有成本（TCO），使得物聯網客戶端的成功率高達82％。在競爭激烈的市場中，所有優勢都會放大，這些成功因素極其重要。

　　這些推廣物聯網的內容引起客戶的共鳴。2017年，洛克威爾的銷售額較去年同期成長7.2％，達到63億美元。該公司在中國、美國、歐洲、中東和非洲的發展仍然非常強勁，這些地方都是物聯網技術的關鍵市場。

　　2018年一月，在一場與分析師召開的電話會議上，洛克威爾的執行長莫雷特（Blake Moret）強調，他們下一個該優先考慮的計畫就是戰略性收購，藉以擴建「企業聯網」的策略。他也向俄亥俄州特溫斯堡的工廠管理者表示祝賀——他們在2017年榮獲《工廠工程》（*Plant Engineering*）雜誌頒發採用創新技術的獎項。

操作建議

洛克威爾的股票自 2008 年觸底以來，至今表現優異。十年平均回報率為 12.2％。長期以來，大家都看好這檔股票，投資人可以在它股價相對弱勢時買進。多年來，我一直推薦這檔股票，因為我認為該公司的管理者有遠見，且有決心讓公司成為物聯網的重要角色。考慮到市場的潛在規模，即便是 2018 年中期228 億美元的估值，這檔股票還是很便宜。物聯網支出的前景很強勁，洛克威爾自己已經以身作則了。

案例 3：SAP——數據越多越賺錢的軟體巨頭

「擴大範圍，充實內容」，這是描述 SAP 公司（股票代號：SAP）的最佳措辭。這家位於德國的企業軟體暨專業服務公司，擁有三十四萬五千名顧客和八萬七千名員工，它的開發人員為二十五個跨領域產業設計解決方案。這間公司擁有在物聯網革命中勝出的規模與專業技能，投資人應該要相信它的實力。

SAP 在 1972 年成立，當時有一群才華洋溢的工程師離開 IBM，他們希望能超越數學難題、與顧客建立深厚關係，以及運行一個開放且可擴展的軟體。然後，第一個用於即時數據處理的標準應用程式 R/3 在此誕生了。

R/3 的問世引發一場革命。最初幾年，SAP 的年收入

通常成長60％，該公司的軟體變成一個平台，使其能夠在企業內部加強和發展。工程師親眼目睹機會來臨——當網際網路在1990年代出現時，SAP啟用新的解決方案；電子商務和社群媒體隨後興起，SAP進一步擴展平台。現在，它已經為下一代物聯網技術做好準備。

該公司的SAP HANA是一個雲端大數據平台，能讓任何螢幕上的數據進行快速、暢通無阻的分析。從Adobe到戴姆勒旗下的Mercedes-Benz，遙遙領先的公司都選擇這個平台，來拯救在洶湧數據之海中的必要洞察力，近期力求轉型的企業還包括輝達和中集集團（CIMC），後者是全球最大的裝運貨櫃製造商之一。

說到貨櫃，SAP正與航運業合作，設計以區塊鏈為基礎的即時解決方案。目前，國際貨運就像是經銷商的迷宮。銀行業者、保險公司、航空公司、貨運承攬業和地方主管機關之間，都不斷在轉移票據文件，簡直是一團糟。SAP希望透過雲端解決方案來補救缺陷，於是利用QR碼、雙重認證和分散式帳本系統，文件會不斷以電子方式更新和共享，而提單會透過手機應用程式執行數位簽名。

許多公司都在設計區塊鏈解決方案，但很少有公司具備觸及企業董事會的規模與專業技能。2018年，SAP出

席許多公司的董事會，因為企業管理者急於使用SAP軟體工具來履行物聯網的建設。HANA的強大之處在於它的靈活性。SAP的開發人員運用HANA，建構即時的下一代物聯網應用程式。這些應用程式能辨識位置，並為機器對機器的交流做好準備。

　　該公司令人印象深刻的銷售額成長，是顧客願意掏錢買單的最佳證明。2017年，SAP的銷售額達到220億美元，儘管規模龐大，但依然有6％的成長。其中，雲端業務成長得更快。SAP的財務長穆西奇（Luka Mucic）在十月份對分析師表示，SAP的雲端服務方案較去年同期成長15％，預訂量增加19％，而營業額上漲27％。只不過，這並不是買進SAP股票的理由。這間公司之所以具有投資的吸引力，是因為它在物聯網領域打造出無可比擬的競爭優勢。

操作建議

物聯網是竿頭直上的垂直產業，擁有莫大的長期潛力。基於**SAP**的物聯網專業知識和孜孜不懈的創新發展，投資人可以在其股價拉回時買進，以實現長期成長的收益。

案例4：Cloudera——未發先至的物聯網數據平台

Cloudera（股票代號：CLDR）開發的軟體，能讓企業即時蒐集、儲存和處理巨量的物聯網數據。時間點完全正確，企業正處於物聯網數據洪流的邊緣，需要像Cloudera這樣的公司來管理數據並提供見解。

Cloudera的共同創辦人兼首席技術長阿娃達拉（Amr Awadallah）表示，物聯網有望在十年內將多達五百億個事物連結到網際網路。包括智慧型汽車、鑽油平台、電動渦輪機，以及其他設備中的感測器，在未來四年創造的數據量會增加十倍。

Cloudera的平台建立在Apache Hadoop的開源框架中，能以多元的格式蒐集和儲存跨多個來源的數據。由於它的研發者來自於雅虎和Google的實驗室，意味著在極低成本的硬體上，運作方式既精簡又無縫。這可說是勝券在握的組合。

卡車製造商**納威司達（Navistar）**在Cloudera平台的企業版上執行OnCommand診斷平台——運用天氣、交通、即時車輛性能、歷史保固和其他數據，納威司達得以在問題發生之前預測維修的需求，這使得它的車輛停機時間減少40％，該公司現在能遠程監控二十五萬輛卡車了。

納威司達的首席資訊長克萊恩（Terry Kline）表示，過去在如此龐大的現有用戶群中蒐集與分析多不勝數的數據點，簡直是「不可能的任務」。

提供家庭能源管理服務的新創公司歐電（Opower），則運用Cloudera的大數據分析，協助教育消費者如何減少用電量，達到省錢的目的。這家總部位於維吉尼亞州的公司與公用事業公司合作，透過軟體省下5億美元，並減少3兆瓦的能源消耗——足以照亮鹽湖城和聖路易一整年。

儘管仍有一些挑戰需要克服。Cloudera在2008年成立，是創投界首批估值超過10億美元的新創企業之一。包括Accel Partners、Greylock Partners、富達投資、普信集團（T. Rowe Price）和英特爾等風險投資者都提前籌集資金，預期在首次公開募股中大獲全勝。然而，Cloudera的商業模式舉步維艱，IPO交割日從未實現。如果再加上研發、銷售與行銷，以及一般管理費用，Cloudera仍處於虧損狀態中。該公司2017會計年度的赤字為1億8,700萬美元，略低於2016年的2億300萬美元。

阿娃達拉認為，即將來臨的大批數據是絕佳機遇，Cloudera的產品已準備好在醫療保健業、保險業、製造業、金融服務業和政府機關發揮效用。2017年六月，他向市

場調查機構Dataquest透露，Cloudera存在的唯一目的，就是幫助客戶盡可能增加大數據能為他們做的事。如果他能做到這一點，大數據也會對Cloudera的股東產生深遠的正面影響。

2018年四月時，Cloudera公布去年第四季的營業額較去年同期增加42％，訂閱收入暴增50％，達到8,430萬美元；2018年第一季，作為一家上市公司，Cloudera推出六款新產品，並完成重大收購案。

操作建議

這是物聯網和大數據發展的早期階段，**Cloudera**的股票前程萬里，即使2017年首次公開募股沒什麼吸引力，但它依然是業界領先群倫的開源供應商。這個產業遲早會邁向開源標準，Cloudera將因此滿載而歸。只不過，現在還不是進場的時候，但你們可以密切留意這間公司的動向。

11/

基因編輯：
生命是一門好生意

快速掃描

　　毫無疑問的，基因編輯已超越我們的想像空間。許多人認為，現代的科學家切除基因組中的缺陷部分不費吹灰之力，事實上這件事難如登天，且需要經歷漫長又艱苦的過程。只有更優良的預測分析、更寬廣的數據儲存挖掘空間和更強大的電腦處理能力，才能實現目標—技術逐漸融合在一起，讓突破性的發現越來越普及。

　　持股建議：Calyxt（股票代號：CLXT）和 Homology Medicines（股票代號：FIXX）這兩間公司都是挺有意思的投資機會，因為他們的管理者都在做與眾不同的事情。他們的想法著重於基因編輯的基本面，一旦結果奏效，股價就不負眾望。至於結合運算能力與醫療保健的穩定成長股，你們不妨持續關注 Illumina（股票代號：ILMN）、Abiomed（股票代號：ABMD）和諾華（股票代號：NVS）。

只要經過幾次剪輯程序，科學家就能在數個小時內編輯基因，否則在自然的狀態下要花幾個世紀才能完成。這個過程只是科學家利用基因編輯工具加速進化的方法，能移除有害物質來修復有缺陷的基因。「CRISPR-Cas9基因編輯技術」的共同創辦人杜德納（Jennifer Doudna）表示，基因編輯技術將大幅提高糧食產量的潛力，至少在理論上安全可靠，不像基因改造有外來物質的問題。

美國農業部的植物生物學家齊斯卡（Lewis Ziska）認為，基因編輯的過程可應用在飽受污染蹂躪的植物，在其生命中注入營養；研究人員編輯動物的DNA，要製造適合人類藥物的蛋白質。而其他人，比如我們在〈第五章〉提過的哈佛遺傳學家丘奇，希望藉由謹慎控制分子來建構DNA。這一切扣人心弦，但同時潛伏著危險。當然，這也是投資人不容錯過的好機會。

我自己並沒有投資生技股，因為經驗告訴我們，這麼做十有八九都會以慘敗收場。「製造分子」是非常困難的事。不過，我對農業生技公司Colyxt和基因編輯公司Homology Medicines都很感興趣，他們都是有潛力的「全壘打王」，可惜鋌而走險的公司容易出局。

基因編輯的突破性發現首先會體現在生產更健康、更豐富的食物上。基因編輯與農業相輔相成，這是很簡單的減法——農作物不再有像基因改造一樣的外來物質加入。隨著科學家不斷開拓新的領域，其他應用也不斷湧現。對投資人來說，這是激勵人心的時刻。許多小公司將有所突破。話雖如此，務必慎始敬終——這些企業多半只有單一產品與理念，背水一戰後的失敗對股東有百害而無一利。

　　本書的〈第三章〉曾提及，人類基因組計畫（HGP）很了不起，基因編輯也是如此，但它更具爆發力。在這個章節，我會說明科學家如何基於對人類基因組的理解，仔細裁剪和編輯DNA，藉以種植更豐盛的食物，並修復因高濃度二氧化碳而失去營養成分的農作物。我將介紹生物產藥，也就是改造動物DNA來製造用於人類藥物的蛋白質。我也會進一步解釋為什麼科學家有辦法完全跳過人類，直接落實合成生物學，憑空創造出DNA。最後，我會深入探討那些專門從事基因編輯的小型公司，爬梳其商業模式。他們的股票並不適合過於保守的投資人，但飆漲的潛力卻很驚人。

　　2012年時，兩名生物學家發現，某些基因會自然發揮酶（enzyme）的作用，它能阻止特定DNA攻擊病毒。

他們瞭解到，這種酶可以在許多情況下精準切斷特定的基因，他們稱之為「CRISPR-Cas9」，也就是基因編輯。

先不提「訂製嬰兒」的道德問題，這個新發現代表我們有機會切除人類基因組的不良基因，成功治癒疾病。然而，就目前而言，真正的潛力在於破解食物——研究人員可以運用這項技術，製造出更健康的水果、蔬菜和穀物，他們也可能進一步設計出有抗病力的家畜。至少在理論上，這些食物都很安全，因為沒有引入外來基因。研究人員只不過是在加速技術的發展。

編寫全新的人類DNA
觀察指標 ▶ 喬治·丘奇與進階版 HGP 計畫

這真是一個美麗新世界。不久之前，一群出類拔萃的科學家宣布要從頭創造合成人類DNA的計畫。這聽起來很適合情人節——如果你們不再愛身邊的情人，也許有一天你能自己設計出新歡。

該計畫將由紐約大學朗格尼醫學中心的合成生物學家博克（Jef Boeke）與哈佛醫學院的丘奇帶領，將延續之前解讀人類基因組的計畫（請見本書第三章）。你們可能還

記得，HGP在2003年大功告成，大家認為這個計畫開啟無數新型療法與治癒疾病的大門，這些疾病早就困擾人類好幾百年。但事實並非如此。由此可見，理解基因與疾病之間的關係，比科學家原先設想的還要複雜。

進階版的HGP，顧名思義就是試圖以合成方法編寫人類DNA密碼——編寫和理解從零開始設計的遺傳密碼，能幫助科學家更瞭解複雜的基因關係。雖然要在實驗室創造人類生命的構成要素如同科幻小說一般，但其實這已有先例——2010年時，克萊格‧凡特研究所（J. Craig Venter Institute）的科學家創造出由合成基因組控制的細菌，有效將基因代碼轉換為生命狀態。

進階版的HGP就像這個實驗，只是規模大得多。編寫DNA是既枯燥又花錢的工作，需要精確操縱微量化學物質與DNA分子。這些化學物質是以糖分子為基礎的構成要素，標明為A、T、C和G，必須以正確數量和正確次序添加數百次，才能改變DNA結構。博克和丘奇一致認為，完成進階版的HGP能使DNA製造的開發成本降低一千倍。假使成真，原版HGP所允諾的所有革命性療法都有可能實現。然而，麻煩的道德問題始終存在。

丘奇自己多元、具爭議性經歷，使得道德問題更加顯

著。根據丘奇的觀點，只要從基因中移除病毒複製所需的宿主物質，人類或許就能對所有病毒免疫。這僅僅是一個開端。基於保存完好的史前巨獸DNA物質失而復得，他直言不諱地表述自己為復活真猛瑪象的付出。丘奇也運用自己協助開發的基因編輯工具「CRISPR」，改變豬的基因，將牠們的器官移植到人類身上。說到人類，他從不諱言地表達「從搖籃到墳墓」（cradle-to-grave）[1]的觀點。

他積極支持基因編輯，想解決潛在的先天缺陷問題，同時也致力於基因療法，想逆轉老化的過程。當被問及道德問題時，他反對把這項議題與工業革命相提並論。由於問不出個所以然，因此這類話題經常讓科學家陷入膠著狀態。丘奇太常受到外界的質疑，也許早已練就「伸縮自如」的反應能力。他必須有這樣的能力。

從頭設計人類基因組，至少需要1億美元和十年的光陰。若計畫大舉成功，科學家表示將把潛在的用例限制在培養皿中，以避免道德方面的疑慮。這談不上是雪萊（Mary Shelley）的《科學怪人》[2]，但卻向赫胥黎（Aldous Huxley）

---

1 自工業革命以來，人類以追求經濟成長為首要目標，導致自然資源的開採經過加工、製造、使用、拋棄和污染的過程，造成有毒物質外洩，並消耗大量資源，使資源終究走向墳墓的結局。

2 西方文學的第一部科幻小說，講述醫生法蘭克斯坦以科學的方式使死屍復活，卻製造出一個怪物。

的《美麗新世界》[3]邁進一大步。

> **操作建議**
>
> 如同生物技術領域經常出現的情況，對投資人而言，這個領域最可靠的投資，便是專注在眾所周知的基礎技術上，也就是關注那些實驗室設備與用完即丟產品的製造商，例如：**美國 BD 公司**（Becton Dickinson，股票代號：BDX）、**泰利福公司**（Teleflex，股票代號：TFX）和**坎特爾醫療**（Cantel Medical，股票代號：CMD）。

基因轉殖動物：實現生物產藥的關鍵

觀察指標 ▶ 荷斯登牛與 GTC Biotherapeutics

生物產藥（Pharming）的概念是「改造動物的DNA，製造用於藥物的人類蛋白質」。這個概念不僅朗朗上口，近期在基因編輯方面的突破也象徵主流趨勢。

2016年十二月，科技媒體The Verge指出，愛荷華州荷斯登牛的血液，被使用於基因改造的研究上。這可不是一般的血液，這種牛身上黑白相間的斑紋與眾不同。生物產藥公司**SAB Biotherapeutics**將血液設計成富含人類

---

3 世界三大反烏托邦小說之一，描述與當今社會迥異的文明社會科技，包括人類試管培植、睡眠學習、心理操控、嬰兒條件反射等。

抗體與蛋白質，能對抗流感、伊波拉病毒或茲卡病毒等病原體。生物產藥或基因轉殖動物的趨勢都值得大家關注，其中有若干值得我們深思的理由。

畜牧業已有幾千年的歷史。更健壯、更多產的家畜較值錢。而生物產藥是合乎邏輯的演變。科學家利用先進的生物技術，拼接其他物種的新DNA。一般來說，基因轉殖動物會在自己的乳汁、卵或血液分泌珍貴的抗體。在這個基礎上，科學家只需在開發人類使用的藥物之前淨化蛋白質。「我預期我們會看到這項技術的進展猶如風馳電掣般，」普度大學（Purdue University）的動物科學教授繆爾（William Muir）向 The Verge 透露，「我們瞭解這項技術，也知道如何發揮，只是在等待一個答案——這項技術有多少用途呢？」

過去科學家利用豬和母牛來製造胰島素。到了1978年，製藥巨擘**基因泰克公司**運用生物技術，製造出合成的版本。現代生物技術促進基因轉殖動物的出現，使用CRISPR-Cas9進行基因編輯變得更準確，同時也降低成本。此外，改造兔子、母牛、山羊和綿羊等哺乳類動物的細胞結構，可以輕易獲得某些科學家夢寐以求的蛋白質。相較於其他方法，動物不僅能產生更多蛋白質；在許多情

況下，採集並沒有比從農場動物身上收集牛奶更困難，或更具侵入性。

2009年時，FDA批准生物製藥公司GTC Biotherapeutics使用一種稱作「抗凝血酶」（antithrombin）的抗凝血蛋白質。這家位於麻州弗雷明翰的公司，從兩百隻當地生物工程綿羊的乳汁提取人類抗體。根據《紐約時報》的報導，一隻綿羊產生的抗凝血酶，相當於九萬份人類血液的捐獻。以SAB的荷斯登牛為例，每頭母牛每個月可生產三十至六十公升的血漿。相較之下，每個人只有四公升的血液，可見技術有多麼進步。

再者，The Verge報導，SAB的荷斯登牛製造出「能在多處攻擊細菌、病毒，甚至是癌細胞」的多株抗體（polyclonal antibodies）。雖然SAB的作業仍處於FDA的試驗階段，但生物技術的近期進展促使開發焦點轉向基因轉殖動物，這不言可喻。

基因編輯與農產品的未來
觀察指標 ▶ 新農業概念股

在不久的將來，科學家會設計出生長速度更快、不會

變質的食物。這是CRISPR-Cas 9的另一個願景，它被視為是一個扭轉局勢的基因編輯工具。生物工程食品能明顯減少世界上的饑荒。況且，至少它在理論上安全無虞。在資訊科技日新月異的時代，沒有辦不到的事。電腦運算能力和數據分析的進步，引領人類基因組在2003年得以被完整解讀。從那個時候開始，科學家一直在這具有開拓性的基礎上進行研究。

在1980年代，科學家發現細菌利用基因編輯來抵禦病毒DNA的奧祕。這種細菌使用特殊的酶來切割、複製和儲存病毒DNA片段，以備不時之需。二十年之後，研究人員確定可以裁剪任何有機體的DNA。到了2012年，生物學家杜德納（Jennifer Doudna）和夏彭蒂耶（Emmanuelle Charpentier）展示了CRISPR如何精準編輯有機體的基因組。一切煥然一新。有了CRISPR，科學家就能確實編輯有機體，移除導致不利結果的部分。

倫理學家擔心大家會爭先恐後購買「訂製嬰兒」。關於這個問題，中國的動向始終令人擔憂。然而，在短期內，真正的契機始終在於農業。

有機體在自然的狀態下，不斷經歷這個過程。有機體逐漸進化，但是需要時間。基因編輯加快這個過程，縮短

數年、數十年，甚至是數千年。這與基因改造生物大相逕庭。為了改善結果，基因改造生物須引入外來有機體——你們可以想像一下，成品變成科學怪人的樣子。

舉例來說，1994年時，鬥志旺盛的生物技術新創公司**Calgene**獲准銷售「佳味」（Flavr Savr）番茄。為了製作這種番茄，科學家運用防止水果腐爛的化合物——aminoglycoside 3-phosphotransferase II，改造普通的番茄基因，這種修補破壞了番茄變軟的過程。但持懷疑態度的公眾們，無法接受這種不濕軟的番茄。該公司後來賣給**孟山都（Monsanto）**。

杜德納在接受《連線》雜誌採訪時指出，CRISPR有潛力讓新作物的開發速度以倍數成長。

2016年五月時，私人科學研究機構、紐約「冷泉港實驗室」的科學家發表一份報告，說明基因編輯最終能如何解決麻煩的番茄問題。野生番茄的果實會掉落、受傷，甚至損毀得更嚴重，農民會提早採收番茄來預防損害。為了便於機械採摘，栽培者進而改造番茄植株的根部結構，希望它在樹枝上停留久一點。只不過，自然的本質礙手礙腳——新的植株產生太多新枝，以至於讓採收變得更加困難，這使得產量反而下降了。冷泉港實驗室的研究人員發

現引發不尋常新枝的基因後，對該基因進行編輯——他們創造出新的、沒有多餘樹枝的番茄植株。

另一個例子發生在2015年，賓州大學的研究人員利用CRISPR，移除導致白蘑菇過一段時間變色的基因。科技網站「數位趨勢」（Digital Trends）的報導指出，研究小組曾詢問政府監管機構，蘑菇是否屬於他們的管轄範圍，而答案是否定的，因此這些蘑菇可以合法上市。

孟山都和**杜邦**（Dupont）這兩家業界的重量級代表，都是基因編輯早期的熱情擁護者，不足為奇。基因編輯的技術更便宜、速度更快，不會因為基因轉殖改造而背負惡名，同時也更安全可靠。新的產品很快就要上市了。基因編輯是迅速興起的顛覆性技術，二十年前的人們連作夢都想不到，如今已漸漸變得觸手可及，它即將創造出眾多新型商業模式，也將催生出新的公司與行業。

操作建議

請不要斷定基因編輯的戰利品僅限於農業巨頭。這波影響力將涉及設備製造商、地主和軟體開發商，可說是牽一髮而動全身。從農業角度出發的其中一種投資方法，是與主要農產品巨頭，例如全球四大糧商之一的 ADM（Archer Daniels Midland，股票代號：ADM），和農產品進口商 Calavo Growers（股票代號：CVGW）合作。

阻止「垃圾農產品」的蔓延危機
觀察指標 ▶ CRISPR-Cas9 的殺手級應用

父母也許曾叮囑你們要多吃蔬菜，才能生龍活虎般地長大。嗯，如果你們也是這樣建議自己的孩子和孫子，可能是在浪費時間。因為我們的農場就快要變成垃圾食品之田了。最新的研究表明，當大氣中的二氧化碳濃度增加，水果和蔬菜的營養價值會隨之減少。

2017 年九月，記者埃維奇（Helena Bottemiller Evich）在《政客》（*Politico*）雜誌中指出，空氣中越來越高的二氧化碳濃度，會掠奪農作物中人類賴以生存的重要微量營養素。這對投資人來說是好的契機。事情不該這樣發展。陽光能提供植物能量，使其從水和二氧化碳中產出食物，這個過程叫作光合作用。二氧化碳的濃度越高，光合作用越強。你們大概會以為這樣能幫助植物長得更快、更健康。但正好相反。植物一旦含有更多碳水化合物，就會排除蛋白質與鐵、鋅等重要礦物質，後果就是製造出遍地的垃圾食品。

這是科學家羅拉茲（Irakli Loladze）在 1998 年，於亞利桑那州攻讀博士時初步認識的概念。浮游動物的主食是

藻類，科學家能利用光，大幅增加藻類的生長速度，為微小的海洋生物提供豐富的食物。但浮游動物還是饑腸轆轆——雖然藻類數量充足，卻缺乏足夠的營養讓挨餓的微生物存活下去。

羅拉茲目前在內布拉斯加州林肯郡的布萊恩學院擔任數學教授，過去二十年來，他不停研究持續增加的二氧化碳濃度及其對植物生命的影響。他的觀點有預言世界末日來臨的意味。他告訴《政客》雜誌：「我們即將見證，在人類歷史上對生物圈注入最多的碳水化合物。」

植物生物學家齊斯卡（Lewis Ziska）大部分的時間都在為美國農業部研究植物培植的營養效果。他的研究指出，一百七十五年來，一枝黃花（goldenrod）這種野花的變化不大，它的花粉是蜜蜂攝取蛋白質的重要來源。但是齊斯卡發現，自工業革命以來，一枝黃花的蛋白質含量持續下降，而蜜蜂的總數也同步減少，因為若無法攝取足夠的蛋白質，蜜蜂就無法生存。

上述這些發現都指出，地球上的過量二氧化碳會帶給人類致命的雙重打擊。首先，人類長期食用缺乏營養價值的食物，可能會漸漸忍饑受餓。再者，蜜蜂也許會滅絕——沒有蜜蜂授粉，我們的農作物也會相繼滅亡。

這個天大的壞消息還沒有滲入大眾傳播媒體，卻一直是 TED 演講的主題，在許多小型出版物中也出現不少狂熱的觀點。有些人主張，蜜蜂授粉占全球食物供應量的三分之一。對投資人而言，這種情況發生在充滿創造力的時代，反而成為投資契機——資訊科技的發展速度越來越快，加上充裕的資本與創業精神，意味著一切都有可能發生。再加上現今普及、價格低廉的超級電腦途徑，還有數據分析與模型建構領域的進步，這代表你們有解決新層次問題的祕訣了。

　　生物技術公司紛紛開始使用 CRISPR-Cas9 基因編輯技術，它讓科學家能精準編輯有機體的 DNA，移除導致不利結果的部分。如前所述，這項技術甚至能讓科學家從頭開始建構生命；農業科技公司也參與其中，拖拉機使用精密的追蹤與自動駕駛系統，上頭配備的感測器能辨識不討喜的雜草或需要更多水分的農作物。一切工具皆已聯網，因此數據得以順利地處理，分析方法也很完善。

　　要維持氣候變遷相關的討論動力已經夠難了，更別提還要開始討論二氧化碳對食物的影響。然而，有越來越多的證據指出，我們的糧食供應量瀕臨危機。幸運的是，科學家正努力地創造降低這類危險的工具。

設計合成人類DNA從0到1
觀察指標 ▶ 喬治‧丘奇

　　哈佛的遺傳學家丘奇，距離設計合成人類DNA又更近一步了。根據醫療網路媒體Stat News的報導，2016年五月，丘奇與一百三十名科學家、律師和政府官員會面，討論如何進行開發——丘奇不只是要編輯人類生命的構成要素，他還想在實驗室重塑它們。而且合成人類DNA這件事，比大多數外行人認為的更可行，影響也更深遠。

　　為了實現目標，科學家以凡特的開創性工作為基礎。也許你們還記得，2010年時，這位遺傳學家領導的團隊創造出第一個合成細菌細胞。相對的，丘奇的計畫是百年大計且錯綜複雜（請見本書第五章）。當然，潛在的回報也不容小覷，除了能讓科學家更理解遺傳密碼，也能讓他們深入瞭解基因關係的複雜性。

　　《連線》雜誌在2018年三月二十七日刊登一篇標題為「下一個最好的我」（The Next Best Version of Me）的文章，暢銷作家鄧肯（David Ewing Duncan）在文中引用波士頓大學榮譽退休教授暨遺傳學家康托爾（Charles Cantor）的觀點，他認為科學家面對可能發生的事情時「膽小如

鼠」。「當我打算編寫基因組時，」康托爾說道，「我喜歡先想像大家會編寫的不同類型。就我個人而言，我喜歡憑空杜撰——想出新穎的基因組，比如設計出能從光合作用中獲取能量的人，或是設計出能行走的植物。」這就是科學。沒錯，植物會走路的想法是詭異了點。

科技與時俱進。強大的公共雲端網路變得更耐用，預測數據分析和先進的建模軟體皆精益求精。只有當人工智慧發揮作用時，一切才能漸入佳境，運算成本也能持續下降。對投資人來說，是時候開始尋找那些能發揮新興技術的途徑了。

操作建議

從數據分析軟體、建模與測量、生物技術、製藥與醫療設備，投資人的選擇不勝枚舉，其中包括遙遙領先的 DNA 測序儀製造商 Illumina（股票代號：ILMN）、積極投資免疫療法的瑞士頂尖製藥公司諾華（股票代號：NVS），以及應用先進統計模型、開發救命人工心臟瓣膜的先驅 Abiomed（股票代號：ABMD），都是值得追蹤的標的。

生物恐怖攻擊的潛在威脅

觀察指標 ▶ 比爾・蓋茲

「不到一年就會有三千萬人死亡」，這是對恐怖分子發動生物攻擊的駭人預測。根據專家的說法，生物攻擊的發生機率會比過去還要高。

比爾・蓋茲透過 Windows 軟體讓個人電腦聞名於世，他自己也發了大財。最近他忙著關閉下一波全球流行病的窗口。生物技術的進步，讓病原體非常容易快速地在空中傳播，造成如西班牙型流感[4]那般的災難。

自從 2014 年 CRISPR-Cas9 基因編輯技術問世以來，研究人員改造基因，幫助盲人重見光明、治癒某些病患的鐮刀型紅血球疾病，並加快諸多新藥治療的研發。相對的，他們也創造出某些超級細菌（例如具抗生素抗藥性的大腸桿菌）。由於 CRISPR-Cas9 不受監管、價格低廉，有點像家庭工業。2016 年，英國納菲爾德生物倫理學委員會（Nuffield Council on Bioethics）就曾發出警告，指出那些「窩在象牙塔裡的科學家」，也許會在無意間創造出能殺死

4　1918 至 1920 年爆發的全球性 H1N1 甲型流感疫潮，造成全球約一億人死亡。

數百萬人的改造有機體。

蓋茲的思維更具策略性。他的慈善基金會事業遍及開發中國家，他明白危險分子在不穩定環境中的危害，他擔心生物技術會變成毀滅性武器。若有心人士圖謀不軌，將感染者安置在繁忙的機場，可能會導致數百萬人喪命。

2017年四月，蓋茲在倫敦的皇家國防安全聯合服務研究所集會上，提出警告：「最可怕的事情莫過於1919年的西班牙型流感。」現代人的旅行方式，外加人類對這種病毒毫無免疫力，會演變成勢不可擋的致命組合。他並非杞人憂天。在已開發國家，我們擔心危險份子會染指核燃料，雖然同樣怵目驚心，但一枚核彈不會炸死一千萬人。

蓋茲認為，受到感染的遊客可能是人與人之間呼吸道感染的起點，剛開始的症狀就像罹患一般流行性感冒。1919年的西班牙型流感造成多達一億人喪命，約占當時世界人口的5％。哪怕人心惶惶，我們也不該讓世界上的好人白白送命。蓋茲對自己投入的事幹勁衝天，他瞭解潛在問題的範圍有多大，因此著手制定相對應的計畫。

與此同時，我們也不該低估投資潛力。基因編輯是合法的科學突破，即使對消息靈通的人來說，這像是在寫科幻小說，但科學家有史以來首次操作十分精確的工具，重

新編寫生命的遺傳密碼，其中的可能性無窮無盡。

研究人員相信，改造帶有寄生蟲的蚊子基因就能消滅瘧疾。這種疾病每天都會奪走一千名兒童的性命，每年有兩億人受到波及；還有一些偉大的相關單位在研發創新的抗癌免疫藥物和新型愛滋病療法。大體上，藥物研發、療法和醫療保健都處於轉折點——CRISPR-Cas9有潛力重寫我們的遺傳密碼，帶來嶄新氣象。

操作建議

生物恐怖主義的威脅有其根據，但這並不是基因編輯唯一可能的結果。投資人最好關注那些在 Illumina 公司（股票代號：ILMN）帶領下，能在基因測序工具產業出奇制勝的公司。

案例1：Calyxt公司——餐桌上的基因編輯食品

科學家相信，透過修改植物基因組，他們就能大幅提高農作物的產量。現在，投資人又有一家術業有專攻的公司可以列入觀察名單了——2017年七月，**Calyxt公司（股票代號：CLXT）**向大眾發行七百萬股股票，發行價為8美元，要籌募5,600萬美元的資金。

雖說這家位於明尼蘇達州的小公司，是一間標榜以消

費者為中心的食品暨農業公司，但投資內幕其實就是基因編輯——Calyxt打算利用基因編輯技術改變小麥，其願景是改造基因組片段，使某些類型的小麥對除草劑產生抵抗力，如此便能提高農作物的產量，還能增加小麥的纖維與產生其他特殊成分，比如更健康的油品。

這看起來變化似乎不多，但卻是一項費勁的任務，且可能帶來巨大的回報。市場研究機構MarketsandMarkets預測，到了2022年時，全球種子市場將達到1,130億美元的規模，其中有三分之一來自**孟山都**，因為它充足的基因改造種子特別占優勢。

相反的，Calyxt不使用基因改造生物——基因編輯的優勢在於基因組不與外來有機體雜交，「可移除基因組較弱的部分」是它的特點，理論上這能讓它更安全可靠。

案例2：Homology Medicines——專注治療罕見病的基因編輯黑馬

專門研發癌症基因療法的**Homology Medicines**公司（**股票代號：FIXX**），建立了一個更佳的基因編輯平台。該公司於2018年三月上市，股價從一開始約16美元上升至21美元，取得一個好的開始。只不過，在四個月內，

價格就回落至17.50美元，足見新公司要在華爾街迅速大展身手，可謂困難重重。

隨著CRISPR-Cas9的出現，基因編輯得以登上大雅之堂。然而，Homology Medicines設計出業界公認更優質的編輯工具，引發各界關注。該公司著重在單一的基因突變上，這種突變往往會引發罕見且致命的疾病。根據創辦人兼貝克曼研究所的病毒學教授柯特吉（Saswati Chatterjee）博士的研究，該公司開發出名為「AMEnDR」的專利基因編輯平台。

讓AMEnDR與眾不同的是「腺相關病毒載體」（AAV）的發現，以及利用「同源重組」（homologous recombination）[5]矯正基因突變。AAV是自然產生的載體，來源是人類的幹細胞；進入血液後會將矯正後的DNA元素帶入細胞核，再以基因組的突變區域為目標，並與之結合。在這個階段（即同源重組），自然的細胞變化過程能矯正突變基因。

這個過程在基因治療和編輯方面都很有效，可以設計矯正後的DNA，用於解決單一突變，或者淘汰並替換整個基因，為潛在的廣泛病患與多種組織用途開啟希望之

5　意指找到相似、未受損的DNA作為模組，進行DNA修復。

門，例如骨髓、肝臟、肺部、眼睛和中樞神經系統等。AAV可在特定情況下透過靜脈注射——這可是重大的前衛科學，但它屬於臨床前研究嗎？迄今為止，所有跡象都在實驗室的老鼠身上得到證實。

Homology Medicines將藥物開發的重點擺在非常罕見的疾病上，因此市場上並沒有其他競爭產品。執行階段接近第一期臨床試驗的是：成人和兒童的苯丙酮尿症（PKU），這是一種導致人體血液中蛋白質增加的遺傳性疾病。目前，這項罕見的遺傳疾病影響全球約五萬人。

此外，該公司還開發適用於中樞神經系統的基因轉移療法，即針對肺部、肝臟和人類幹細胞的基因矯正計畫。2017年十一月，它與瑞士製藥巨擘**諾華（股票代號：NVS）**合作，開發眼科與鐮刀型紅血球疾病（SCD）的專案。

Homology Medicines首次公開募股籌集到1億3,500萬美元。這是一檔屬於高風險的股票，但對於看好這個領域、想從中獲利且有耐心的投資人來說，它擁有希望無窮的操作空間，前提是你必須接受它的波動性風險。

12

精準醫療：
科技與醫學的共舞

快速掃描

　　一談到日新月異的健康科學（或生技類股），投資人往往會選擇對它視而不見，因其新產品的審核過程曠日廢時，有太多繁文縟節與中介機構插手。但無庸置疑的是，自從2000年起，這個領域的發展從未中斷過。只不過，數位化轉型蓄勢待發，那些顛覆電腦網路、電子商務和媒體的人明白，絕無僅有的數據量、數據分析技術與快速的電腦運算能力，終能點石成金。

　　持股建議：關鍵字是精準醫療、奈米與再生醫學，還有已成功通過人體測試的CAR-T細胞基因療法。由於醫療技術日新月異，建議長線投資人可以聚焦在藥廠龍頭，例如羅氏（股票代號：ROG）、賽諾菲（Sanofi，股票代號：SNY）、諾華（股票代號：NVS）與輝瑞（Pfizer，股票代號：PFE）等公司的動向，是較安全的做法。

數據、預測分析、高效能超級電腦，以及我們對人類基因組的認知，已經把健康科學和新藥研發產業搞得天翻地覆，傳統製藥公司紛紛與矽谷的中堅分子合作，科技企業家則陸續創辦醫療基金會。2014年五月，電子業大廠三星宣布希望拓展其藥品業務──現代醫學越來越像是一門電腦科學，兩者的界線變得十分模糊。這是好事一樁。

在這個章節，我會說明這種融合現象如何帶來重大進展，我會引導你們瞭解某些非凡的計畫（與電有關，規模不大且還在籌劃中）。我會說明智慧型手機如何在未來的醫療保健領域發揮更大的作用。我也會探討一種簡單的設備如何緩解肆虐美國的鴉片類藥物危機。最後，我會以不同於其他章節的選股作結（那家諮詢公司正努力為眾多下一代輸送策略、提供資金）。

迎接精準醫療時代
觀察指標 ▶ 全球五大藥廠的動向

一樣米養百樣人。精準醫療有望運用數據分析，以及我們對自己的瞭解來訂製私人療法，進而改變健康科學。

醫生能在恰當的時機運用技術，對適合的患者進行準確的治療。這看起來似乎顯而易懂，但實際上做起來相當複雜。

這項計畫以人類基因組測序為開端，提供科學家藍圖，讓他們瞭解細胞層的疾病，找出癥結所在，並且至少——在理論上——找出治療突變的方法。舉例來說，目前大多數診斷為癌症的病患，都要接受一連串腫瘤測試，通常最後會接受外科手術和化療。這種「一勞永逸」的療法有很大的殺傷力，會不分青紅皂白地殺死好細胞和壞細胞。

相反的，精準醫療就像是擁有高度命中率的精靈炸彈。醫生找出細胞層的突變後，用特定藥物療法來矯正異常，然後根據個人指標來調整劑量。這個理論可圈可點，唯一的阻礙便是成本。科技對此不無小補。如今，功能強大的雲端型電腦，憑著先進的演算法，能在不到一周的時間測定出人類基因組的序列，只需要幾千美元就能搞定。不久之後，它有可能被用來篩檢每位病患。

不只是基因這麼簡單。科學家還分析我們皮膚與腸道中的微生物，並研究環境因素，即使是我們的飲食習慣也不例外，目的是要量身訂製適合個人需求的疾病療法。來自可穿戴設備的感測器數據也有所助益，例如 Fitbit（股票代號：FIT）的智慧型手錶、智慧型手機等。你們可以

抱著拭目以待的心情，迎接個人化醫療時代來臨。

2015年一月，歐巴馬總統宣布，政府會為全面精準醫療計畫的年度預算增加2億1,500萬美元。基於兩黨的支持——當前的政治環境就像是鐵樹開花——該計畫獲得大半頂級醫療機構的支持。國立衛生研究院（NIH）協助建立由一百萬名志願者組成的樣本小組，以便獲取更多數據；美國國家癌症研究中心（NCI）準備研究癌症的基因組驅動因素；FDA將開發新的檢測技術，以加快藥物審核過程；同時，一個由民間隱私團體組成的聯盟正在接受諮詢，以維持嚴格的隱私標準。

製藥公司紛紛加快步伐。2015年，**羅氏藥廠（股票代號：ROG）**承諾為五項開發中的小分子專案，向生技公司Blueprint Medicines（股票代號：BPMC）提供高達10億美元的資金。接著，2016年一月，羅氏宣布會另外斥資10億美元，收購癌症基因體檢測公司Foundation Medicine共56％的股份，該公司專門分析分子與基因組；另一家診斷服務供應商Illumina（股票代號：ILMN）與德國的**默克集團（Merck KgaA，股票代號：MRK）**、**阿斯利康製藥（AstraZeneca，股票代號：AZN）**和**賽諾菲藥廠（Sanofi，股票代號：SNY）**也組成類似的聯盟。

我們每個人都是獨一無二的，是我們自己化學作用和環境因素的產物。為這種獨特性量身打造的療法很有意義。最終，成本會更低，效率會更高，提出的證據也會積少成多——關鍵是取得更多證據。

精準醫療有潛力創造振奮人心的新療法，並改變病患的治療過程。其中一種個人化治療——T細胞療法，從此改變一名罹患白血病的年輕患者艾蜜莉（Emily Whitehead）的人生。未來還會有更多像她一樣的成功故事。

基因療法的零號病患
🄰🄱🄲🄳 ▶ 艾蜜莉・懷特海德

艾蜜莉有一頭濃密又蓬鬆的棕色捲髮，笑口常開，看上去就像普通的十二歲孩子。但人不可貌相，她其實是第一位接受CAR-T細胞基因療法的零號病患。這種創新的療法，能改造病患的T細胞，使之對抗惡性腫瘤。

在艾蜜莉五歲的時候，她的父母注意到她常常精神不濟，很容易出現瘀傷，牙齦也經常出血。直到某天晚上，她因為腿部劇痛而呼天號地，被緊急送往醫院的急診室。經過幾周的測試，醫生推斷出她罹患急性淋巴性白血病，

這是一種可治療的癌症，有85％的存活率。然而，艾蜜莉是個例外。經過兩輪密集的化療，癌症卻持續惡化，更糟的是，她不適合做骨髓移植。

隨著病情惡化，艾蜜莉的父母向費城兒童醫院求助。賓州大學的醫生卡爾・朱（Carl June）運用稱作「CAR-T」的實驗性免疫療法，這種療法在老鼠與早期人體試驗方面已取得讓人讚嘆不已的進展。2012年四月十七日，艾蜜莉成為他的第一位小兒科病患。

首先，醫生從血液樣本中移除T細胞，這種淋巴細胞是俗稱的「人體免疫系統鬥士」。在實驗室裡，這些細胞迅速繁殖，有條不紊地重新整合，以瞄準並對抗癌症。然後，這些戰鬥細胞被放回艾蜜莉的體內，目標是消滅癌細胞。產生副作用是正常的現象。免疫系統的作用是對抗外部感染。艾蜜莉接受第三次注射後，她的體溫飆升至一百零五度，四肢腫脹，血壓急遽下降，而且肺部充滿液體，導致呼吸困難。

她的免疫系統開始不堪重負，排斥重新設計出T細胞。朱醫生一籌莫展，只好誘導病患陷入昏迷，並提醒她的父母湯姆和卡瑞要作更壞的打算。作為最後的努力，朱醫生開了類風濕性關節炎的藥物來緩解發炎症狀，儘管這

種療法從未在類似情況下使用過，但他希望能抑制把艾蜜莉推向深淵的免疫反應。十四天後，在艾蜜莉五月二日生日那天，她醒過來了。兩周後，癌症揚長而去。

現在，艾蜜莉是一名健健康康的女孩。她能享受泰勒絲（Taylor Swift）的歌曲，也能和閨蜜一起過夜，還能見到最喜歡的歌手女神卡卡（Lady Gaga）。

2017年八月，艾蜜莉和家人受邀前往舊金山「帕克癌症免疫治療研究所」，擔任特別嘉賓。她依舊每個月會去醫院做兩次B細胞替換，這些細胞是CAR-T療法的受害者。她確實患有克隆氏症[1]。除此之外，艾蜜莉跟一般孩子沒有什麼差別。

操作建議

CAR-T療法仍在發展當中。瑞士製藥巨頭**諾華（股票代號：NVS）**開發的新藥在世界各地進行臨床試驗。在一百七十五名接受治療的兒童病患之中，大約有一半已經痊癒。

1　發炎性腸道疾病，會影響從口腔至肛門的腸胃道，常見症狀包括腹痛、腹瀉、發燒和體重減輕。

矽谷金童化身免疫治療慈善家

觀 察 指 標 ▶ 西恩・帕克

2016年四月，矽谷傳奇人物帕克（Sean Parker）為免疫治療癌症研究捐贈了2億5,000萬美元，成為當時的頭條新聞。不管你們怎麼評價這位矽谷億萬富翁，但事實上帕克展現出自己無可挑剔的天賦 —— 他總能把握恰當的時機，出奇制勝。

1994年夏天，十五歲的帕克一頭栽進理論物理學和駭客技術的世界。三年後，他與范寧（Shawn Fanning）透過音樂網站Napster，將P2P網路檔案分享引進世界。一年後，該公司已擁有數千萬名用戶。在駭客圈中，帕克的地位猶如搖滾巨星一般，這也讓他在2004年登上臉書首任總裁的寶座。

免疫療法的出現與二十一世紀初誕生的網際網路，其意義不謀而合。這當然不是新鮮事。幾十年來，研究人員（其中有多位諾貝爾獎得主）找到駕馭人類免疫系統固有能力的方法。這個概念很簡單：免疫系統有強大的媒介「T細胞」，會尋找並摧毀有害的入侵病毒與感染。那麼，為什麼不使用同樣的武器去對抗癌症呢？這個問題聽起來

很有道理，但人們很快就發現癌症和其他疾病（例如HIV），往往能夠躲避T細胞。

1992年，日本科學家發現HIV能成功躲避T細胞的原因，是因為T細胞上頭的特殊分子，他們將它標記為「細胞程式死亡受體1」（PD1），而破壞PD1的過程有不同程度的成功率。在某些情況下，新藥暫時奏效；在其他病例中，結果卻是一發不可收拾，T細胞不分青紅皂白地破壞細胞，導致病患死亡。

只不過，現在已進入基因編輯和大數據時代，研究人員透過剪裁和修復DNA，已經有辦法改造T細胞，使之能更有效地去對抗癌症。

生物技術公司Cellectis（股票代號：ALCLS）透過名為「TALENs」的基因編輯過程建構T細胞，這種T細胞專門搜索並摧毀白血病常見的血球異常。在第一個著名的手術案例之後，這個療法治癒了一名英國幼兒。從那個時候開始，陸續有三百名病患為此獲得驚人的療效。

2015年，Google的母公司Alphabet（股票代號：GOOG）特地與頂尖的腫瘤學家和生物學家在麻省理工學院舉行會議，要確定手術過程中的哪些部分可以從機器學習與運算能力的專業技能中受益。Alphabet旗下的生物技

術子公司**Verily**，想深入瞭解T細胞如何攻擊腫瘤內的癌細胞，進而研發更好的療法。

臉書的前大數據專家哈默巴赫（Jeffrey Hammerbacker）目前在紐約西乃山醫院（MSH）工作。他與十二名程式設計師正在開發軟體，要找出如何改善個人DNA的方法，以建構更有效的抗癌T細胞。大多數人認為，這門科學距離合法的治療藥物問世大約還有兩年的時間，然而隨著資訊科技進步，「發現新大陸」的過程也在加速。

意想不到的發現，指日可待。其中兩家遙遙領先的免疫治療公司凱德製藥（Kite Pharmaceuticals）和朱諾（Juno Therapeutics），分別於2017年八月和2018年一月由**吉利德科學（Gilead Sciences，股票代號：GILD）**和**賽爾基因公司（Celgene Corporation，股票代號：CELG）**收購。大型製藥公司摩拳擦掌地布局，意味著好事將近。

至於帕克，則埋首於基因改造免疫細胞療法的研究。2016年，「帕克癌症免疫治療研究所」成立，它在全美擁有四十個實驗室、三百名研究員和六個主要癌症中心，包括紐約的紀念斯隆－凱特琳癌症中心、史丹佛大學醫學院、加州大學洛杉磯分校、加州大學舊金山分校、德州大學安德森癌症中心，以及費城的賓州大學都是創始合作

夥伴。

　　到了2018年三月，主要癌症中心的組織成員已增加到十家。波士頓的丹娜－法伯癌症研究所、西雅圖的福瑞德・哈金森癌症研究中心、紐約的西乃山伊坎醫學院，以及聖路易的華盛頓大學醫學院都在交換相關的研究數據。

　　帕克在2018年三月告訴網路媒體Axios，附屬實驗室的數量已超過六十家，產業與非營利合作夥伴的數量已增加至四十家。最重要的是，實驗室、研究人員和癌症中心將共享數據，回歸到從前Napster時代那樣，以P2P網路原則快速明確地交換數據，讓網路上的每個人都能獲得最完整的真相。這個構想是為了顛覆常規的研究發現過程。

　　研究人員專注於改造個人T細胞，提高病患對免疫治療藥物的反應，並開發新穎的方法攻擊癌症腫瘤。這些療法對於自身免疫疾病都有潛在的治療效果，包括多發性硬化症、狼瘡、HIV、關節炎、糖尿病，以及公認回天乏術的癌症……無論如何，這對於一個剛開始設計軟體是為了協助青少年下載盜版音樂的人而言，都是一件能造福更多人的好事。

2018 年，直接投資「免疫療法」的股票並不多。習慣根據媒體
報導尋找投資標的的人，應該將目光投向**吉利德科學（股票代
號：GILD）、嬌生（股票代號：JNJ）**和**安進（AMGen，股票
代號：AMGN）**等規模更大的製藥公司。

植入人體的微型醫療機器人
觀察指標 ▶ 葛蘭素史克與 Verily 公司

2016 年八月，英國製藥巨頭**葛蘭素史克（股票代號：
GSK）**和專注生命科學的 **Verily 公司**發布石破天驚的聯合
聲明，他們相信能合力把「微型植入式機器人」帶到醫學
領域。

製藥業無疑已在醫藥方面取得重大成就。至今，這些
成就皆是因為更有效的化學反應而實現，使其成為現代醫
學的基礎，但葛蘭素史克與 Verily 堅信還有別的作法。舉
例來說，臨床醫生透過調節神經系統的電脈衝，並在某些
情況下改變電脈衝，這個試驗就在醫學上取得了重大進
展。而這兩間公司的目標，是使用不到一粒米大的植入式
機器，將這項研究提升到新的層次——微型機器會附著在
我們的肺部、腸道或其他部位，並刺激神經，有望改變人

體應付慢性疾病的方式，例如氣喘、克隆氏症、糖尿病，甚至是關節炎。

如果這一切聽起來很像是1966年電影《聯合縮小軍》（*Fantastic Voyage*）的情節，那是因為少了庸俗特效和女主角拉寇兒‧薇芝（Raquel Welch）穿著連身裝的畫面。不過，科學的影響力還是很大。

2015年十月，五角大廈的研究部門宣布了一項以類似科學為基礎的專案計畫。「國防高等研究計畫署」（DARPA）挑選七家頂尖的研究機構。這項耗資8,000萬美元的專案名為「ElectRx」，目標是要繪製出人體的神經迴路圖，並確定感測器與馬達信號如何影響人類大腦和器官的變化。

在DARPA發布的新聞稿中，專案負責人韋伯（Doug Weber）表示，ElectRx假定有人體中有一套協定系統，可以調節大腦、脊髓和內臟功能以維持健康，而尋找並學習如何刺激這些協定，就是健康的關鍵。這是一個已擁有大量數據基礎的簡單理論，最直接的證據就是現代心律調節器——簡單的電子設備使用可調節的電脈衝，刺激並迫使心臟以健康的速率跳動。「ElectRx就是末梢神經系統的心律調節器。」韋伯解釋道。

最初，DARPA專注於類風濕性關節炎和慢性疼痛等發炎疾病。原因很簡單，研究人員認為，「創傷後壓力症候群」（PTSD）[2]是體內生物分子含量過高的產物，這種疾病在退伍軍人圈十分猖獗。理論上，找到調節生物分子含量的方法，就能為成千上萬名退伍軍人帶來舒心的微創療法。直到2018年中期，這個專案已涉及七個開發團隊，擁有強大的軟體與醫療設備。包括加州門洛公園的Circuit Therapeutics、紐約哥倫比亞大學、澳洲弗洛里神經科學與心理健康研究所、巴爾的摩的約翰霍普金斯大學、劍橋市的麻省理工學院、印第安納的普度大學，以及達拉斯德州大學的研究人員，將共同分攤8,000萬美元的資金。

　　葛蘭素史克與Verily公司的夥伴關係也變得更加緊密。2016年八月，他們共投資7億1,500萬美元到一家名為**Galvani Bioelectronics**、專注於生物電子醫療技術的新公司，並在母公司的所在位置附近（倫敦北部與舊金山）設立研究機構。由三十名科學家和臨床醫師組成的團隊，在那裡匯集現有的知識財產權，並開始研究和製造微型電池驅動的設備。

2　人經歷過感情、戰爭、交通事故等創傷事件後產生的精神疾病，常見症狀包括負面思維、精神不適或緊張、認知劇變等。

這兩間公司的占股比例分別為55：45，他們為這間新成立的合資公司帶來截然不同的優勢。葛蘭素史克擁有生物學、藥物開發與輸送的悠久歷史，而Verily在軟體架構、數據分析、電機工程學和微型化方面具有豐富的專業知識。新公司的名字取自大名鼎鼎的神經科學之父──賈法尼（Luigi Galvani）。早在1780年時，這位義大利的研究先驅利用靜電使解剖中的青蛙腿抽動起來，因而聲名大噪。儘管這種實驗在十八世紀看起來光怪陸離，但你們別忘了，今天的醫生仍仰賴心律調節器，遵循這種開拓性工作的準則。Galvani Bioelectronics也打算效仿這種做法，只不過是採用一種更小的設備。

一段時間以來，這一直是葛蘭素史克關注的焦點。從2012年起，該公司持續投入大量資金到新興領域，其國際疫苗部門的董事長施勞威（Moncef Slaoui）解釋道：「我們與Verily達成的協議，目的就是要建立Galvani Bioelectronics，這反映出葛蘭素史克的生物電子之旅向前邁出關鍵的一步，將健康和科技結合起來，要實現小型化、精確電子治療的共同願景。我們可以同心協力，讓這個振奮人心的領域加快進展步伐，開發出真正能說人體電氣語言的創新藥物。」

很難想像科技已經發展到這般地步：科學家認真研究能對抗慢性疾病的微型植入式機器人。然而，某些藥物研究與數據科學領域的菁英相信，這不僅辦得到，也會形成顛覆性的力量。要知道，Galvani Bioelectronics並不是上市公司，而Verily也只是Alphabet的一家子公司而已。

精準消滅癌細胞的奈米機器人
觀察指標 ▶ 雷・庫茲威爾與詹姆士・托爾

你們知道是誰老早就預見這一切的嗎？答案是身兼作家、發明家和未來學家的庫茲威爾（Ray Kurzweil）。2016年一月，他在溫哥華的一場會議中，向與會者表示：每一美元的電腦效能，將在二十五年後增強十億倍，且電腦體積將縮小十萬倍。

他提到的領域即是「奈米技術」，名稱取自於長度單位「奈米」（nanometer）。一奈米是一公尺的十億分之一，或是人類頭髮寬度的百分之一。這裡指的並非是一粒米大小的可植入式電腦，而是「電腦的尺寸與血球相當」。

根據庫茲威爾的預測，你們可以想像一下未來的面貌。在將這些說法視為無稽之談之前，你們應該瞭解更多

他先前不可思議的預測。他在1990年出版的《智慧型機器時代》（*The Age of Intelligent Machines*）一書中，預測網際網路將成為我們這一代的決定性消費技術。考慮到當時網路服務供應商CompuServe與Prodigy的用戶加起來只略多於一百萬人，這個預測聽起來也像是在胡言亂語。

此外，他還預測手機、傳真機的崛起，甚至包括蘇聯解體的必然性。在後來出版的書籍中，他表示我們應當期待雲端上的超級電腦，以及無線、可穿戴式電腦設備的出現，當時這些想法與現實格格不入。然而，強大的雲端運算網路確實已在今天驅動我們賴以共存的城市、通訊和智慧型手機；最新款Apple Watch能獨立監測佩戴者的心率和血氧濃度。

從各個面向來看，庫茲威爾都堪稱是天才。他是非常成功的發明家，重新思考感測器發送、蒐集和傳輸光線的方式後，他創造出全世界第一台感光耦合元件（CCD）平板掃描器。就現代家用印表機而論，這是我們現在視為理所當然的技術；他還發明第一台盲人專用的印刷字體轉語音閱讀器，也是現代音效合成器的始作俑者，你們在音樂會和音樂影片中看到的庫茲威爾（Kurzweil）鍵盤，就是他發明的。

1999年，庫茲威爾獲得國家科技創新獎章，並於2002年入選美國發明家名人堂。《Inc.》雜誌稱他為「愛迪生的合法繼承人」。他是麻省理工學院的教授，從2012年開始，他也擔任Google的總工程師。

庫茲威爾表示，電腦變得如此微小，它們可以很容易地進入血流，足以治癒人類大多數的疾病。這將幫助研究人員診斷疾病與發送微型電腦，進行更精準的藥物療法。他預測，這些多半會在2030年代實現。這段期間，研究人員正致力於手邊的工具，以藥物療法或摧毀癌細胞為目標。其中最引人矚目的就是奈米顆粒（nanoparticles）。FDA在1995年批准第一個稱為「Doxil」的阿黴素奈米顆粒療法，用來治療成人癌症，例如卵巢癌、多發性骨髓瘤和卡波西氏肉瘤，後者是與HIV或AIDS有關的罕見癌症形式。

奈米顆粒的吸引力在於藥物治療的輸送，因為這些粒子可以經由改造，輸往傳統療法無法到達的地方。一般來說，粒子被設計成與癌細胞結合，然後將藥物療法輸送到特定的位置。這與大多數影響一般位置的療法迥然不同。英國杜倫大學和美國萊斯大學的研究人員對此都有長足進展。2016年九月，研究團隊在權威的《自然》（Nature）

科學期刊上聯合發表一篇論文——他們已製造出一種由光控制的微型分子機器，能夠消滅癌細胞。這是非侵入性手術的開端，將是投資的大好機會。

長期以來，科學家試圖調動分子結構，把分子串成汽車和潛艇的形狀，目標是開發出一種奈米機器，產生足夠動力推動人體的自然電流，最終穿透細胞。萊斯大學的化學、電腦科學、材料科學暨奈米技術教授托爾（James Tour）認為，這個方式已有顯著的突破。他的團隊透過加數，提高奈米機器的效率。這些額外的分子具有特定功能，像是辨識和依附目標細胞。舉例來說，肽加數可用於辨識攝護腺癌細胞，奈米機器在人體內移動，尋找癌細胞；當發現癌細胞後，它會附著在癌細胞上。機器平時處於休眠狀態，直到紫外線啟動它，強大的轉子就會開始旋轉。

托爾與杜倫大學的研究團隊製造出每秒能旋轉兩百萬至三百萬圈的分子機器，速度快到足以穿透細胞壁。在動物實驗中，這種機器能在幾秒鐘內消滅癌症和其他腫瘤，不但強而有力且小巧實用。托爾表示，大約有五萬台奈米機器的尺寸可以適應人類頭髮的直徑，在不久的將來，他預測奈米機器就有辦法運送藥品、尋找目標癌細胞、挖洞並放入必要的治療藥物。

還有另一個關鍵要素。根據英國《每日電訊報》報導，這些奈米機器受到紫外線啟動之前毫無殺傷力，意思是它很適合治療乳腺腫瘤、皮膚黑色素瘤，以及其他對化療有抵抗力的癌症。「這將是一種治療病患的嶄新方法。」托爾在YouTube上宣傳這項研究時說道。

2017年九月，加州理工學院的研究人員設計出能採集其他DNA材料的奈米尺度DNA機器人。雖然這不是庫茲威爾承諾過的微型電腦，但卻是更微小的機械結構；2018年二月，來自亞利桑那州立大學，以及中國科學院國家奈米科學中心的科學家團隊，在《自然》期刊發表新的發現——他們成功阻擋癌症腫瘤擴散，並在某些情況下，在老鼠和豬身上注射DNA薄片建構的奈米機器人，已順利消滅癌症腫瘤。

這些DNA薄片的褶線宛如摺紙藝術，尺寸為六十至九十奈米；外部結構是由蛋白質組成，這種蛋白質出現在與腫瘤聯繫的血管內壁；內部攜帶一組凝血酶分子，即促使血液凝結的物質。當奈米機器人找到目標時，稱作「適體」（aptamers）的分子會迫使DNA薄片的褶線開啟，釋放血栓凝血酶。奈米機器人能停止血液供應，有效阻斷腫瘤生長所需的氧氣。這是借用血管新生抑制劑的策略，簡

易又有效，屬於箝制型抗癌療法。

「精準度」使摺紙藝術般的奈米機器人如此特別，分子的組成會自然引導機器人接近腫瘤。由於分子可以改造，因此機器人的機動性很強；另一個吸引人的地方是生物學，DNA奈米機器人不太容易遭到免疫系統排斥。

這些偉大的想法還為時過早，但它們確實存在。不斷增強的電腦能力和不斷進步的資訊科技使這些新發現更容易實踐。在這段期間，生命科學公司準備摘取唾手可得的果實——他們正在重新包裝我們不得不削減成本和用來拯救生命的技術。

操作建議

美國製藥巨擘**輝瑞（股票代號：PFE）**持續與多家新創公司密切合作，包括由 Alphabet 的子公司 Google Ventures 和**基因泰克**支持的 DNA 數據蒐集公司 23andMe，以及**嬌生（股票代號：JNJ）**，都是值得投資人關注的標的。

遠距醫療的無限可能

觀察指標 ▶ Doctor on Demand 和 Healthy.io

提供醫療保健是苦不堪言的事。不斷上升的成本與人

口老化皆導致政治上的分歧，也把政府的預算逼到崩潰邊緣。不過，有兩家新創企業找到了解決之道——線上醫療平台 Doctor on Demand（醫生隨傳隨到）和以色列數位醫療公司 Healthy.io 都希望運用軟體，以及大多數人過度依賴的智慧型手機，藉此削減成本和徹底改革醫療保健。

顧名思義，Doctor on Demand 側重於日程安排。這套軟體力倡使用智慧型手機進行影像諮詢，當諮詢的療程結束後，醫生可以安排進一步檢查或直接開立處方，病患可以把諮詢當作與醫生一對一視訊。這家位於舊金山的新創公司執行長弗格森（Hill Ferguson）認為，最大的好處在於授權——病患能夠決定何時會診，甚至能決定在何處完成實驗測試。弗格森表示，這比「醫療供應商指示你們該去哪裡」進步得多。

Healthy.io 進一步推動智慧型手機的發展，希望把這個裝置轉變成醫療設備。過程從電子郵件發送的物理測試套件開始——用戶在卡片上提供尿液樣本，接著用智慧型手機的相機掃描結果，將資料傳送給醫生。分析結果立即出爐。

淘汰實驗室，為早期檢測提供更有效的機會。從長遠來看，這些要素能降低醫療服務的成本。根據美國聯邦醫

療保險和補助服務中心（CMS）的報告，美國在2015年的醫療保健支出為3億2,000萬美元，平均每人支出9,990美元，且全國醫療支出成長5.8％，占GDP的17.8％，足見美國在醫療保健方面的支出遠遠超越其他國家。雖然言之有理——富裕國家在服務上花費更多是有道理的，但目前還不清楚美國是否從中獲得適當的價值。許多研究顯示，儘管美國的醫療支出很高，卻沒有帶來出色的結果。事實上，雖然美國平均每人的醫療支出約為英國的三倍，但國民健康狀況依然不如英國。

科技公司希望藉由軟體改變現狀。2017年四月，Alphabet的子公司Verily宣布與史丹佛大學和杜克大學攜手合作，對一萬人進行為期四年的研究。每一名實驗對象都會佩戴訂製的手腕感測器，能持續蒐集心臟數據。此外，他們每年會接受詳細的醫學檢查，並提供血液、汗水、尿液，甚至包括眼淚等檢體。目標是將一切數位化，然後利用強大的機器學習軟體，學習更多關於一般健康和預防措施的知識，以降低醫療成本。

過去二十年來，我們見證由數位化引發的軟體革命。軟體改變我們消費媒體、購買產品與服務的方式。顯然，當類比式體驗轉換到可透過軟體操作和優化的資料位元

時，其結果將導致成本急遽下降。

操作建議

能在這種趨勢中盡其發揮所長的公司，就是 iPhone 製造商**蘋果**（股票代號：AAPL）。該公司的產品在醫療保健領域一直都很活躍，龐大的用戶群將其打造成一個服務業帝國。

藥物過量的危機與轉機
觀察指標 ▶ FDA 認證的戒毒醫材：NSS-2

鴉片類藥物氾濫正肆虐美國大大小小的城鎮，這對執法機關和醫學界來說都是非常棘手的問題。2017年十一月，FDA 批准第一個用於戒除鴉片類藥物療法的電子設備。對政府而言，這是全體總動員的時刻。

名為「Neuro-Stim System-2 Bridge」（NSS-2）的裝置看起來就像是附有四條電線的大型助聽器，醫生可以把裝置固定在病患的耳朵後面，然後降低裝置在耳朵附近與內部神經中樞的刺激作用。當病患感到疼痛時，這個裝置就會自行調整，並向大腦負責接收和處理疼痛信號的部分發送低頻電脈衝。彈指之間，病患的疼痛感就消失了。

NSS-2背後的想法並不新奇。自從1960年代中期開

始就有神經調節物質了，研究人員發現，神經調節物質能透過電脈衝刺激神經系統的某些部分來阻止疼痛，你們可以把這個過程想像成是電子針灸的形式。NSS-2的創新方法是輸送——訓練有素的專業人員能在幾分鐘內把裝置固定好，不需要動手術或施打麻醉劑，症狀幾乎能立即緩解，讓病患毫不受限地恢復正常活動。

每台NSS-2裝置的平均成本為600美元，相當划算。考慮到能讓人們戒掉毒癮，這個價格稱得上是很小的代價。根據美國成癮藥物協會（ASAM）2016年的報告，總共有約兩百萬名美國人對鴉片類止痛藥上癮，而五十九萬一千人對海洛因上癮。2015年期間，「藥物過量」是美國人意外死亡的主因。《新聞週刊》（Newsweek）近期也指出，伊利諾大學的研究人員估計美國納稅人每年因吸食海洛因的損失高達510億美元。監獄、醫療保健和生產力下降的成本不斷上升，在遭受波及的社區是普遍現象。這些問題在偏狹守舊的美國小鎮是滅頂之災。

羅斯郡（Ross County）是一個有七萬七千人居住的農村社區，位於俄亥俄州哥倫布市以南一小時的車程。2016年，羅斯郡有兩百名兒童交由國家照顧。駭人聽聞的是，這些孩子之中有75％來自父母吸食鴉片類藥物成癮的家

庭。照顧這些孩子的費用相當高昂，因為他們需要特殊諮詢與療法，以及漫長的住院時間——對一個小社區來說，240萬美元的價格簡直是預算的剋星。

雖然NSS-2無法消除危機，卻不無小補。戒除鴉片類藥物是痛苦的過程。常見的症狀包括肌肉痠痛、嘔吐、腹瀉，以及無法控制的顫抖。許多成癮者持續服用毒品，因為他們不相信自己能熬過戒毒過程。FDA已批准NSS-2用於鴉片類藥物成癮療法，川普政府宣稱全國性的鴉片類藥物危機近在眼前。

以上反映出有更多納稅人的錢會被用於因應新制度，這意味著將出現更多適合成癮者的療法，幫助他們擁有更好的生活品質，以及為受災社區提供更有益的資金。但對於投資人來說，機會並沒有那麼明顯。

在NSS-2背後撐腰的 Innovative Health Solutions（IHS）是一間總部位於印第安納州凡爾賽的公司。同時也有幾家未來可能會管理相關設備、提供病患照護服務的上市公司，只不過，它們的規模都不大。當前的機會將對它們的現金流和獲利產生重大影響，也會對其股東價值產生正面影響。此外，在價值鏈的下游，**信諾（Cigna，股票代號：CI）**和**安泰人壽（Aetna，股票代號：AET）**等

保險公司也將受惠其中。

案例：埃森哲──數位化轉型的最大贏家

就像大多數偉大的企業一樣，全球最大的管理顧問公司**埃森哲（股票代號：ACN）**也是從競爭中誕生。早在這個奇特的公司名字出現之前，它原本是安盛諮詢公司（Andersen Consulting）──即安達信全球合作協會（AWSC）的商業與諮詢部門。

AWSC是一個內部競爭激烈的環境，管理者讓部門之間相互鬥爭，藉此提升效率和激發創意。多年來，安盛諮詢公司一直與其關係企業、國際性的安達信會計師事務所（Arthur Andersen）正面交鋒。根據AWSC的章程，利潤更高的業務單位能獲得關係企業利潤15％的獎金。

但是安達信會計師事務所具備明顯不同的的優勢，它是觸及範圍更廣的大規模企業。1998年時，安達信的管理者創立自己的業務諮詢單位，想挑戰極限。突然之間，AWSC內部的兩個部門開始互相爭奪客戶。有些東西不得不放手。安盛諮詢公司的管理者決定停止支付15％的罰款。他們聲稱AWSC和安達信會計師事務所皆違約，於是把整件事情交給國際商會（ICC）處理。

2000年時，仲裁協議達成，安盛諮詢公司支付12億美元脫離AWSC，並同意更名──埃森哲在2001年誕生了。這個名字的簡稱取自英文「強調未來」（accent on the future）的含義。五個月後，埃森哲在紐約證交所掛牌上市。

埃森哲的歷史很重要，因為高層主管總是被迫管理那些規模小於公司的業務。為了提高獲利，他們會定期削減成本，而這就是該公司的DNA。2018年時，埃森哲擁有四十二萬五千名員工，其中大多都是專業人士。他們為兩百個國家的客戶提供服務；三年前，該公司在印度已雇用十三萬人，另外還有五萬名員工住在菲律賓。這並非偶然。這些國家的人力資源豐富，且相較於已開發國家，薪資和租金成本都較低。

2017年，埃森哲的總收入為111億5,000萬美元，銷

售額為 367 億 7,000 萬美元，毛利率達到 30％；其他財務指標也同樣令人印象深刻，該公司過去五年的資產收益率平均為 18.7％，而同期的股本回報率為 56.4％、投入資本回報率為 55.9％。

「前程似錦」是埃森哲的故事中最精彩的部分。現今整個企業界無不展開數位化轉型，將過去類比式的流程數位化。埃森哲代表各國政府提供專業服務。2014 年，埃森哲贏得價值 5 億 6,300 萬美元的合約，為美國健保入口網站 HealthCare.gov 提供軟體開發和持續的專業服務；2015 年，埃森哲是美國國防部電子健康記錄（EHR）合約的得標廠商之一，該合約價值 43 億 3,000 萬美元。這些業務都與數位轉型有關。

此外，埃森哲還有醫療保健的業務要忙，它在人口健康或照顧管理方面扮演重要的角色，包括向單一支付者（例如政府、企業或健康保險供應商）提供如何節省成本的專業意見，並從中分到一杯羹——其理念是開發出致勝的協定。埃森哲利用長期以來的成本削減歷史，來幫助早期發現、採取預防措施或減少昂貴急診室就診費用的策略。

市場研究機構 Grand View Research 預估，到了 2025 年，人口健康研究（旨在預防保健和促進福祉）的規模會

達到895億美元。把時間回推至2015年，這個市場的價值已達到207億美元——這是一個極具顛覆性的成熟市場，而埃森哲即將在這個市場上勝出。

這間公司最擅長打勝仗，它正在向政府和企業傳遞數位化轉型的資訊，並取得驚人的成果。根據它的公司簡介，在「財星一百強」企業中，有九十五間公司是埃森哲的客戶，而在「財星五百強」企業中，更有75％的公司接受埃森哲的服務。換句話說，當這些大公司需要管理諮詢的服務時，最先想到的對象就是埃森哲。

操作建議

埃森哲經常代表客戶執行關鍵任務，觸及各式各樣的領域。它過去幾年的財務成果穩如磐石，經常超越分析師的預期，因為它每一個業務面向的成長都在加速。隨著有越來越多的公司採用數位技術，埃森哲與金融服務、通訊、媒體和科技公司的合作也越來越頻繁。而無庸置疑的是，埃森哲是最大的贏家。該公司的管理者決心協助其他大型實體，在數位時代深思熟慮、積極進取地找到出路，以創造股東價值。除了每一季公開的突出業績之外，它也是自家普通股的積極買家。投資人可以在股價拉回時買進它的股票。

明日飆股：
機器人學、物聯網彩蛋、基因編輯、精準醫療，搶先布局下一個十年的價值成長股

Fast Forward Investing：
How to Profit from AI, Driverless Vehicles, Gene Editing,
Robotics, and Other Technologies Reshaping Our Lives

作　　者	喬恩・馬克曼（Jon D. Markman）
譯　　者	辛亞蓓
主　　編	郭峰吾

總 編 輯　陳旭華（ymal@ms14.hinet.net）
副總編輯　李映慧

社　　長　郭重興
發行人兼
出版總監　曾大福
出　　版　大牌出版
發　　行　遠足文化事業股份有限公司
地　　址　23141 新北市新店區民權路 108-2 號 9 樓
電　　話　+886- 2- 2218 1417
傳　　真　+886- 2- 8667 1851

印務經理　黃禮賢
封面設計　萬勝安
排　　版　藍天圖物宣字社
印　　製　成陽印刷股份有限公司
法律顧問　華洋法律事務所　蘇文生律師
合作出版　美商麥格羅希爾國際股份有限公司台灣分公司

定　　價　480 元
初　　版　2019 年 8 月

國家圖書館出版品預行編目（CIP）資料

明日飆股：機器人學、物聯網彩蛋、基因編輯、精準醫療，搶先布局下一個十
年的價值成長股 / 喬恩・馬克曼（Jon D. Markman）著；辛亞蓓 譯 . -- 初版 .
-- 臺北市：麥格羅希爾；新北市：大牌出版，遠足文化發行，2019.08　面；公分
譯自：Fast Forward Investing：How to Profit from AI, Driverless Vehicles,
　　　Gene Editing, Robotics, and Other Technologies Reshaping Our Lives
ISBN 978-986-341-411-7（平裝）
1. 投資管理　2. 投資分析

563.53　　　　　　　　　　　　　　　　　　　　　　　108009812